中央大学政策文化総合研究所研究叢書　15

新たなローカルガバナンスを求めて
―多角的アプローチからの試み―

細 野 助 博 編著

中央大学出版部

まえがき　―編集にあたって―

　本書を編む時点で重要な論考が編者のもとに贈られてきた．政策科学の世界的泰斗イェヘッケル・ドロア『統治能力』（足立幸男・佐野亘監訳　ミネルヴァ書房　2012）である．その「日本版への序文」中でドロアは，日本のガバナンスを考える上で3点の使命を強調している．1つは持続的な革新と伝統の維持，そして長期的かつ多元的な意味での繁栄，最後にグローバル社会での貢献である．まさしくこの使命を達成するためにガバナンスの彫琢が必要であると述べる．

　さらに彼は以下の2つの要点を的確に指摘する．すなわち，グローバルなパワーバランスの「移行期」に難しい舵取りを担うことが日本全体に求められている．その舵取りの際に求められる具体的アジェンダは，米国を中心におくパワーバランスの揺らぎによって，重要性が増しつつある安全保障は言うに及ばず，経済的社会的豊かさを推進する教育・科学技術，農業も含めた産業政策の抜本的な再デザインだと指摘する．

　そのためには，想像力に富むと同時に多角的洞察力に基づく知識集約的政策思考，民主的な権力の集積，将来を見据えた議論のもとでの合意形成能力，複雑かつ錯綜する政策課題を適切に処理する高水準の行政管理，そしてそれらを支える政策分析と政策評価とその効果的活用と経験に基づく持続的学習の蓄積が重要だと指摘する．

　そして最後に日本が持続的繁栄を享受するためのガバナンスに対する6つの処方箋を提示する．すなわち，強力な政治的リーダーシップの実現に向けての統治構造の改変，政治的リーダーのもとに戦略的プランナーで構成される部局の設置，選別された戦略プランナーを育成するための制度設計，タコツボ化し縦割りの弊害に苦しむ行政組織の打破を目指した公務員制度改革，政治家の質を高める諸教育機会の設置，公共の利益への関心を高める早期教

育の実施の6つである．

　訳者あとがきにあるように，政策研究の第一人者であると同時にコンサルタントの経験もあり，まさしく理論知と経験知が融合された説得力のある主張がこの著書の中に展開されている．

　本書もドロアの主張する延長線上に検討を重ねてきた研究活動ともいえる．たしかに本書にはグローバルな視点をもとに「移行期」を議論する論考はない．しかし，グローバルとローカルは密接につながっている．昨日まであった大工場が東アジアの地方都市に移転し，労働力と広大な用地の余剰が突然生まれる．そのことで地域経済は基盤を揺るがすような打撃を受け，「人口は職を求めて移動する」傾向法則のもとに人口減少が加速化する．経済的繁栄がこれ以上望むべくもない地方で伝統を守り，生きがいを探し，次世代につなげてゆくにはどうするか，各自治体は頭を悩ます．

　3・11東日本大震災では，避難や復興の遅れのために当面「仮のマチ」を選択せざるを得ない状況にある地域や住宅も商店街も「仮設のマチ」を抱える地域の基礎自治体もある．防災上私権の制限も伴うことから本格的まちづくりで合意が成立し得ない基礎自治体もある．そして広域行政に手間取る県と基礎自治体の関係も含めて，悩ましい問題が山積している．直轄事業に関わる社会インフラの復旧・復興を最優先し「あとは地元で」を繰り返し，あるいは二重行政を指摘される復興庁のあり方も含めて，国の実情をどう評価すべきか．内憂外患の時期にもかかわらず国政も，「政治の季節」を迎えて政策より政局といういつものパターンを繰り返している．まさしく「ガバナンスの不在」が現実化している．

　このような状況下において「ガバナンス」をボトムアップの視点から検討する本書が世に出る意義を改めて痛感する．本書の表題にある「ローカルガバナンス」は，永田町・霞が関版トップ型ガバナンスに対して，地理的空間的文脈で政策を語るための仕掛けとしての「ローカルナレッジ」（文化人類学者クリフォード・ギアーツが強調する）が巧妙に使われるボトムアップ型ガバナンスが必要不可欠であるという問題意識から導かれたものである．

本書は平成 21 年度に開始し，平成 23 年度に完了した中央大学政策文化総合研究所プロジェクト「新しい地方行政におけるガバナンスの研究―多摩地域を事例として―」の研究成果の一部を公表するものである．当初は少子高齢社会の進展と都市間競争の激化の中で，平成の大合併に多摩地域が巻き込まれなかったことの実証的評価と，23 区都心部との関連で 30 市町村の将来展望を踏まえた政治行政経済の 3 側面から多面的な検討を行う予定であった．ところが，平成 23 年に発生した 3・11 東日本大震災とその後をとらえた論点も加味する必要性を鑑み，執筆内容も多少改変する論考も現れた．と同時に 3・11 東日本大震災で多摩地域が避難先として重要な位置を占めることが判明し，改めて「多摩地域の地勢的役割」の本格的検討が必要であることも認識された．この点についてさらなる検討が必要であろう．その点では，「首都圏災害時における多摩地域の役割」という予稿も存在するが，まだ検討を加える必要があると判断されたため本書での掲載を見送らざるを得なかった．

　さて，本書の構成を述べる．2 部構成にし，第Ⅰ部は第 1 章から第 3 章で構成される．ローカルガバナンスを支える条件を公共政策分析の視点から理論的実証的に検討を加えている．今日的政策形成の破綻から見えてくる病理とその処方箋について検討する．それが「ボトムアップ型政策形成」である．そのボトムアップ型政策形成を支える空間的なシステムと経済的基盤の存立条件について実証的な検討を加える．

　第Ⅱ部は第 5 章から第 7 章にかけて，具体的論点に焦点を当てながらローカルガバナンスのあり方を論じる．具体的論点としては，平成の大合併であり，基礎自治体の行政規模であり，大震災被災地での生活再建の場を通じた官民の交流であり，イタリアの自然災害対策と地方制度の関係であったりする．一見脈絡が無さそうだが，それぞれローカルナレッジに基づいた「実質的」ボトムアップ型政策形成で実現できる「ローカルガバナンス」を考える際の多面的ソースコードを提供してくれる．

　三ヶ年に渡る期間本プロジェクトを支え，出版事情の悪い中，研究叢書と

して出版する機会を与えていただいた中央大学政策文化総合研究所の所長をはじめ関係各位に改めて御礼申し上げる．

2012年夏

プロジェクトメンバーを代表して

細 野 助 博

目　　次

まえがき

第Ⅰ部　ローカルガバナンスを支える自立性の条件
　　　―自立を阻むミッシングリンク―

細 野 助 博

第 1 章　ガバナンスの復権とボトムアップ型政策形成… 9
細 野 助 博

　　　はじめに　9
　　第 1 節　配分の政策から縮減の政策へ　10
　　第 2 節　「破片化する社会」と霞が関の生存競争　14
　　第 3 節　政策形成過程の信頼回復　18
　　第 4 節　政策イノベーションのジレンマ　23
　　第 5 節　処方箋としてのボトムアップ型政策形成　25
　　　おわりに　28

第 2 章　ローカルシステムの空間構造 ……………… 31
細 野 助 博

　　　はじめに　31
　　第 1 節　都市や地域空間の「入れ子構造」　32
　　第 2 節　集積効果と一極集中　42
　　第 3 節　ものづくりの黄昏　44

第4節　首都圏一極集中の是正の必要性　47
　第5節　多種多様な実力型都市や地域の創造　50
　　　おわりに　53

第3章　ローカルガバナンスを支える条件 ………… 59
　　　　　　　　　　　　　　　　　　　　　細野助博
　　　はじめに　59
　第1節　まちづくりデザインの考え方　60
　第2節　コンパクトシティの古典的考え方　62
　第3節　日本型コンパクトシティの黄金律　65
　第4節　成長のランダムパターンが意味すること　68
　第5節　人口密度の重要性　70
　第6節　事業所増加の雇用創出力　75
　第7節　自立を阻むミッシングリンク　78
　　　おわりに　83

第Ⅱ部　ローカルガバナンスの発露に向けて
　　　　―ローカルガバナンスをめぐる諸相―
　　　　　　　　　　　　　　　　　　　　　細野助博

第4章　面積制約下の市町村合併 ……………………… 93
　　　　　　　　　　　　　　　　　　　　　西川雅史
　第1節　市町村合併の意義　93
　第2節　昭和の大合併　96
　第3節　平成の大合併　106
　　　まとめ　118

第5章　西多摩地域における行政規模の方向性 …… 123

増田俊一

　　はじめに　123
　第1節　人口の推移　124
　第2節　西多摩地域の人口構造の変化　129
　　おわりに　134

第6章　住民の生活回復に影響を与える二つの
　　　　　ローカルガバナンス
　　　　―行政によるガバナンスと利用者によるガバナンス：
　　　　　岩手県「道の駅」の比較を事例に―　………… 139

中庭光彦

　　はじめに　139
　第1節　東日本大震災における岩手県道の駅の立地　141
　第2節　道の駅の被害状況　143
　第3節　震災当日から営業再開にいたる
　　　　　駅長・スタッフの行動　145
　第4節　トイレと飲料水への対応　148
　第5節　物資供給の実態　149
　第6節　連携状況　150
　第7節　道の駅のガバナンス　152
　第8節　行政によるガバナンスと利用者によるガバナンス　153
　　おわりに　155

第7章　イタリアの地方制度と自然災害対策
　　　　　―ラクゥイラ地震（2009年）の経験から― ……… 157

　　　　　　　　　　　　　　　　　　　　　　　　工 藤 裕 子

　　第1節　はじめに：ラクゥイラ地震の概要　157
　　第2節　イタリアの地方制度　160
　　第3節　地方行政制度の概要　164
　　第4節　地方財政制度　169
　　第5節　ラクゥイラ地震によって明らかになったこと　172
　　第6節　政府間関係とシビル・プロテクション　177
　　第7節　ラクゥイラ・サミット　181
　　第8節　イタリアにおける自然災害への対応　181
　　第9節　まとめにかえて　184

あ と が き
索　　　引
執筆者一覧

第Ⅰ部
ローカルガバナンスを支える自立性の条件
― 自立を阻むミッシングリンク ―

第Ⅰ部　ローカルガバナンスを支える自立性の条件
―自立を阻むミッシングリンク―

細 野 助 博

「時代の大きな転換期にしばしば見られるように，真の現実主義を生み出すモノは，性急さであり，激しい欲求であり，状況の過酷さであると考えたくなる．」

エドガール・フォール『チュルゴーの失脚』より

　世界経済はリーマンショックの後遺症とそれに続くEU危機から立ち直れないでいる．確固たる回復の道筋はいまだ立っていない．グリード（強欲）意識に犯された米国ウォール街を，明日の見えない若者たちがデモをする．一生懸命に勉強することが人生の梯子を上ることだと確信していた学生達の前に高い失業率の壁が立ちはだかる．この抗議行動はインターネットを通じて先進国の若者にも広まった．そして彼らの行動を支持する専門家の論調が，メディアを駆けめぐった．EUの南北問題の中で抜本的解決策を提示できない政治状況もある．
　経済成長の果実は何か．もちろん金銭的物質的な豊かさが第一にあげられるだろう．しかし，それよりももっと大事なものがある．それは「心に豊かさ」が生まれることだと金融経済学の泰斗ベン・フリードマンは語る．差別をもたらす硬直的な社会感が薄れ，試行錯誤と多様性に寛容な社会感が醸成され，強固な民主主義が生まれる．この「心の豊かさ」がまた経済

成長にプラスのフィードバック効果をもたらす．しかしこの効果は市場価格で評価されるわけではないから，公共政策で守ってゆく必要があるとフリードマンは明言する．

　貧しい公共政策は，経済成長を阻害する．何も，アフリカ諸国のうち続く内戦による絶対的貧困の話ではない．EUの「失われた10年」の現実性が取りざたされているが，日本もバブル崩壊後の失われた20年の間，若者の失業率は高くなり，それと連動するように出生率は低下を続ける．この失業率の高さが日本の人口構造をゆがめていることにもっと注目すべきだし，何らかの政策的措置が必要なのだ．人口構造にできたゆがみは短期に修復できない．人口問題は，将来世代を軽視する政治から生まれてくる．米国の所得や資産の経済的不平等は目を覆うばかりだ．経済的貧しさは心の貧しさを呼び，悲観と不寛容の闇が社会のきずなを分断する．貧しさは「暗い将来」を暗示させ，憎しみと不信感，不寛容の渦の中に社会を引きずりこみ，そして「暗い時代」を実現させる．地球上の至るところで将来に対する曙光が見えてくることが期待される．

　経済成長は資源をより多く，あるいはより効率的に，あるいはより優れた技術で使用することから生まれる．私たちは「宇宙船地球号」の事実を知り，地球温暖化がもたらす自然の脅威を知ったのだから，資源をより多く使用することはもはや持続不可能だ．将来世代に貴重な資源を残すべき責務を自覚すべき段階にきている．より効率的に活用し，そのためにより高度な技術革新を開発することの重要性が高まっている．それには，経済的要素だけでなく社会的要素も深くかかわってくる．経済成長に用いられる資源は物的資源だけではない．技術革新を推進し，その果実をうまく活用する人的資源，その人的資源を育成し増加させる教育やコミュニティなどの社会的資源も無視できない．これら社会的要素は容易に市場で評価できないために，容易にインセンティブを作り出せないために社会的には過少になりがちだ．これが「公共政策の必要性」と結びつく．

　日本における公的教育支出は歳出規模からして高くはない，というより

低いグループに入る．OECD 諸国平均が 13％で，米国 14.1％，韓国 14.8％などの国に比較して日本は 9.4％である．若い人たちへの投資も，雇用という出口のケアも不十分な中で，明日に希望を持てという要求は一方的に過ぎる．なかなか，経済成長軌道に乗れない日本の現状をどうとらえたらいいのか．少しでも明るい将来が発見できるのではと「若者は都会を目指す」．これは発展途上国の若者の姿と違わない．政治の貧しさといってもよい．明日を約束してくれそうな都市や地域の本質はどこの国でも「オープン」なこと．だから人口は行政区界を超え，国境を越えて移動してゆく．

　新興国グループ BRICs の一角を占める「ブラジルの目覚め」のきっかけは何だったのか．彼の国の若者たちが「どうせ駄目だろう」意識を払しょくし，自分たちの足元をしっかり見つめ，努力する経験の果実を手にしたことだ．土地を含めて資源の豊富さ，若年人口の厚さがブラジルの明日を自覚させた．世界的交通網・情報網が世界市場からの距離を克服させた．だから彼の国は「フラット化した世界」に助けられたともいえる．政情不安が国内への投資を妨げることを学習した．実効性のある通貨安定策も講じた．一頃のブームに近い高度成長は彼の地で終わりを告げつつある．しかし一度手にした「明日への希望」という経済成長の果実を国民はそう簡単に手放すことはない．国でも地域でも，あきらめや現実からの逃避ではなく，足元を見つめ直し，「明日を信じる」ことから持続的成長のきっかけが生まれる．

　さて，この第Ⅰ部は以下の前提をもとにしてなされる．すなわち

1. 地域は本質的にヒト・モノ・カネ・情報に関してオープンなシステムである．
2. 地域は「例外なく」距離などの空間的制約に左右される．
3. 地域活性化のための最重要項目は人口である．

　この 3 つの前提について若干説明する．地域は土地を基盤としてヒト・モノ・カネ・情報の 4 項目で構成される．これらの 4 項目はそのスピード

はさまざまだが, 何らかの目的で地域間を移動する. その意味で地域はオープンシステムである. 移動をもたらす誘因は「経済的なチャンス」であったり,「暮しやすさ」などの生活感覚であったり,「将来への期待」であったりする.

都市や地域のありようは何らかの距離も含めて空間的特性に左右される. たとえば大都市の近くの中都市は衛星都市としての存在を余儀なくされるし, 大都市から十分に離れた中都市は周囲の地域では核都市として君臨できる. しかし, 大都市に近接する小都市は距離の近さゆえに存続が許される可能性が高い. と同時に, 併合される可能性も高いことは近年の平成の大合併でも観られた. しかしこれも相対的なものといえる. 東京圏と横浜圏を想起すればよい. 相対的に小さな地域でも, 十分な距離特性を約束され, それなりの経済圏域を形成できれば, 吸収されずに存続可能である. それゆえ, 都市や地域は都市間・地域間競争を通じる結果もたらされる階層化と都市や地域のオープン性に起因するネットワークを相互に形成する.

人口は地域の需要を作り, 人口は地域の供給を支える. そして人口は, 集中し接触することで種々のイノベーションのきっかけを作る. イノベーションは, ある面ではアイディアや知識の集積であり, 技術の側面と社会的活動の側面を持つ. シュンペーターのいう意味で経済のみでなく社会発展の原動力ともなる. そして人口は, 新しいアイディアを創造し, また次世代を再生産する. したがって人口こそが地域活性化を支える最重要項目であると一貫して主張したい.

ここで, 議論をより明確にするために, 最重要項目である「人口」の未来図を国立社会保障・人口問題研究所の『日本の市区町村別将来推計人口』(平成20年12月) をもとに要約する. 一般に予測の妥当性は予測期間が長くなるほど低下するが, 平成17年 (2005年, 直近の国勢調査年) から30年後の平成47年 (同2035年) の人口推移の傾向予測は, それほど外れないと見てよい. さて, 平成の大合併による平成20年12月1日現在の市区町

村数 1805 をベースとして予測概要を列挙してみる．
- 平成 47 年までに人口減少市区町村は，1767 市区町村（全体の 98％）となる．
- 平成 47 年には年少人口が 4 割以上減少する市区町村が全体の 70％を超える．
- 平成 47 年には生産年齢人口が 4 割以上減少する市区町村が全体の 40％を超える．
- 平成 47 年には生産年齢人口割合が半減し 50％未満となる市区町村は 36.5％となる．
- 平成 47 年には老年人口が 40％を上回る市区町村は全体の 41.7％となる．
- 5000 人以下の小規模自治体が平成 15 年に全体で 12.6％だったものが，平成 47 年には 20.4％に拡大する．

この予測は，地域経済を自立的に営むことが困難な地域が日本中で続出することを意味する．そして最も重要なのは，平成 47 年には総数で半減する地域も出てくる貴重な生産年齢人口をめぐって「取り合い」の競争が地域間で展開されることだ．

以上の前提のもとで，人口も国力も右肩上がりを前提にして破綻したグランドデザイン「均衡ある国土の発展」に変わる新たな「地域再生」のグランドデザインをどう構築するかを念頭に議論する．本稿では「地域再生」のグランドデザインを構築する際に必須となるローカルシステムがガバナンスを十分担保できるかどうか，それにはどのような条件が必要か．この課題に対して実証経済学的な検討を加えることが本稿の目的である．

論文の構成は以下の通り．まず第 1 章でローカルガバナンスの必要性を，日本全体を視野において議論する．日本の政策形成の病理を分析すると同時に，ボトムアップ型（地方分権型）の政策形成への転換，つまりローカルガバナンスの必要性を述べる．ついで第 2 章で都市・地地域の空間構造からの検討を行う．特に「順位規模法則」の実証結果の時間的推移を検討

して，都市や地域の人口に注目したマクロ的な構造分析を行う．第3章で地域間競争を経たマーケットソリューションの社会的帰結とそこからの脱却に必要な政策について述べる．そしてローカルガバナンスを支える都市や地域的な要因として空間的周密性を意図的にねらったコンパクトシティなどを例示的に述べる．最後にローカルガバナンスを支える経済的要件をダイナミックモデルの構築から検討する．

第1章

ガバナンスの復権とボトムアップ型政策形成

細野助博

はじめに

　社会経済の活力を端的に示すのは経済成長率である．1960年代の高度成長期は10％台で推移し，二度にわたる世界的オイルショックを経験した70年代を無事乗り切りバブル期を経験した80年代でも先進国中でトップの4，5％の水準を維持した．ところがバブルがはじけた90年代以降，経済先進国の中で唯一のマイナス成長を記録し低成長から脱却できずに，最も経済が低迷する「経済劣等国」になり下がった．かつては「日本異質論」まで登場するほどの先進国の中で驚異的な力を誇っていた往時の面影はすでにない．むしろ中国，インド，ブラジルなどの新興国の躍進ぶりに世界の人々の関心が集まる．そしてその新興国群の好調な経済からの恩恵も日本は経済浮上に活かせていない．少子高齢社会，無縁社会の重い課題を抱え，GDP比180％という常識を超える政府債務に苦しみ，その抜本的打開策を講じることもできず政治的漂流を続けている．自由民主党から民主党への政権交代が政治的漂流を食い止めるきっかけとなったかどうか，また国民がそれを期待しそして十分評価しているかどうかは精緻な検討が必要である．しかし永田町と霞が関の協調ゲームで事たれりという状況下に日本全体が置かれているわけでは決してない．国際的に拡散したアクターがこれまでと違ったルールでゲームを仕掛けてきている．この国のガ

バナンスの舵取りを政治的混沌の中で増殖しつつある官僚的政治家と政治家的官僚という「ノモス」のようなアクターもいると同時に，ポピュリズム特有の興奮の中で根本的な解決策を辛抱強く模索することに疲れ果てた国民が増え始めている．

　このような政治的混沌から脱却するための抜本的打開策の必要性も，その方向も，その実行の期限が迫っていることも大多数の国民は了解しているが，解決に向かっての一歩が踏み出せず，不安感と閉塞感が日本に蔓延している．後述の政治的取引費用の大きさに改めて注目せざるを得ない．この状況こそまさしく日本再生の足かせとなる「公共政策課題」と位置づけておかしくない．課題解決に本腰を入れて国民各層が立ち上がれない病理の理由を歴史の時間軸を辿りながら手探りで探しだす．そして必要となる「公共性」の視点を介して，病理を打破し新しいガバナンスを確立する試みを国民各層がボトムアップ型で開始する必要性を指摘する．

第1節　配分の政策から縮減の政策へ

　戦後日本から現在を，バブル崩壊前後の2つの期間に大きく切断する．とても同じ日本とは考えられないからだ．バブル崩壊前を歴史の目で辿ってみよう．長期安定政権の実現を主目的として結党した自由民主党を中心に政治が展開する「55年体制」が軌道に乗り，高度成長を経て経済大国が国民の間で認識されだした頃，成長がもたらす果実を「どう配分すべきか」が政策の主要な課題となった．この課題に対して政官財の「鉄の三角形」という互恵的関係がうまく機能し，結果として多数の国民に支持される「成長とその果実の再配分」を両立させるような，穏健で安定的な政治とそのアウトプットとしての政策が実現してきた．ところで，「鉄の三角形」がうまく作動するのは，政官財を中心とした恩顧主義的互恵関係が維持されることが条件になる．自民党政権下での政治的安定のもとでは暗黙

の契約でお互い安心して取引できるので，政治的にも経済的にも取引費用（政策課題の選択から政策決定に対する合意，そして政策の評価に至る一連のプロセスにかかる金銭的，時間的費用）は低下してゆき，内外環境の向上とともに経済成長の十分すぎる果実は，税収増加を通じて余裕のある財政政策を可能にした．この余裕が地域間の陳情合戦の勝者に贈られる公共事業として配分された．全国の地域に対して与党に対して協力的かどうかで色分けされる「政治地図」をもとに配分されるわかりやすさがそこにはあった．中央で互恵関係が強化された「鉄の三角形」は相似形で地方でも形成されていった．政権与党に対する忠誠度を競わせることで，公共工事などの競争配分的な政治的報酬は決定された．こうした巧妙な利益誘導型配分方式は，再選を金科玉条とする全国の与党政治家に「手柄」として与えられた．その成功報酬は金銭的，非金銭的なバックマージンを通じて地方政治システムと後援会の維持拡大といった再選に向けての再投資に使われた．まさしく「政治的レント」への再投資であった．この地域間競争は野党の介在を極力排除するように作用し，長らく「政権交代」の可能性を阻止してきた．

　こうして確立される自民党長期政権を前提に，官僚システムは自らの政策理念と目標を実現すべく，立案し，法制化し，予算付けを「族議員」という親衛隊を与党とのパイプ役としても活用した．卓越した専門能力や政治交渉力，あるいは全国的知名度を十分持ち合わせない大半の政治家でも，再選回数で与党内での昇進を着実なものにし，念願の党三役や大臣ポストが獲得できる仕組みができ上がった．この昇進システムの本質を熟知する官僚たちは，「族議員」として自らの省庁とある種の運命共同体を構成する彼らを再選させようと，全国に張りめぐらせた地方支分部局のネットワークを駆使した．再選を重ねることで個別省庁との関連が徐々に「特化した議員」を作ることによって，省庁の権益を増大させ，維持するためだ．これが幹部級公務員（いわゆるキャリア官僚）を中心とする政治的官僚と族議員を中心とする官僚的政治家という極めて特殊な関係構築で，日本の政策形成を特徴づけることになった．

さて「鉄の三角形」の一角である財界，業界，あるいは各種利益団体に目を向けてみよう．日本の経済政策はバブル崩壊で財政再建が待ったなしになるまで，開発志向型の資源配分計画を主軸にしていた．戦後直後は傾斜生産方式，高度成長時代は設備投資への公的資金投入は，企業規模に比例させ，これとメインバンクシステム，親会社子会社関係に代表される系列システムとが相互補完しながら効果的な産業育成策を講じてきた．いわゆる「開発官僚たちの夏」が，短期間のうちに日本を農業国から転換させ，欧米に集中豪雨のように日本製品を輸出する「経済大国」に変貌させていった．財界や業界団体等の民間部門はその集票マシーンを政権党に貢献するように活用することで，補助金や保護的産業政策などの行政上の便宜供与を勝ち取ってゆく．国民政党を標ぼうする自民党長期政権は官庁システムの助けを得て，国民各層に「広く薄く」既得権益の精密なネットワークを構築していった．「福祉元年」，「生活大国」，「均衡ある国土の発展」という永田町版キャッチフレーズにそれが如実に表れている．

しかし日本という国家がドラスティックな変化を必要とする時代を迎えた時，こうした既得権益のネットワークが「変化への桎梏」となることを当時は誰も予想し得なかった．永田町も霞が関も，そして国民各層も社会経済の変化を受けて，ドラスティックな改革がいずれ必要になることを直感的に感じとっていた．しかし，自らの既得権益を破壊する改革が実行に移されなかった．永田町と霞が関にとって改革の政治的取引費用があまりにも大きいこと，二度の石油ショックを無事に乗り切ったこと，「ジャパンアズナンバーワン」と囃したてられ，85年の「プラザ合意」後のバブル景気に浮かれたことも大きかった．いたずらに時間を空費し，改革の好機を逸してしまった．

こうしてグローバル化の波が高くなり潮目が変わったにもかかわらず，90年代に入ってからは，国の舵取りが定まらずにバブル崩壊後の「失われた20余年」が始まる．中国などの新興国の躍進をしり目に，日本の経済成長力がどんどん低下していった．景気浮揚を図る財政出動の連続的な

失敗が赤字財政を膨らませた．「財政規律立て直し」のための路線変更を図るため，配分の政策から縮減の政策へのギヤチェンジを図らざるを得なかった．グローバル化による国際競争の激化で国内産業の空洞化が始まり，交通網の発達は全国を都市や地域化し選挙基盤を激変させてゆく．社会インフラが整ってゆく過程で，地域の有権者は義理人情に縛られた投票者から都会型の「是々非々」の合理的投票者に変貌してゆく．さらに「平成の大合併」は集票マシーンとしての地方議員の数を減らす効果も持った．もっとミクロなレベルでは運動の主力となる若手が離反して高齢者に支えられる後援会組織ほど，集票マシーンとしての能力が弱体化していった．

どのような政策変更でも必ず所得再分配効果を持つ．配分から縮減へのドラスティックな政策転換は政策を受容するステークホルダー（利害当事者）の間に非協力ゲームを展開させることになる．業界団体の離反が自民党で相次いだことにその兆候を見る．ここに「鉄の三角形」に代表される互恵的協力ゲームは終焉を迎え，自民党という長期政権党は力を失ってゆく．そして小泉政権以降は本格的なガバナンスの再構築に自民党は失敗した．長すぎた自民党長期政権に対する深い絶望感が政権交代を期待する民意の大きなうねりを作り出した．自民党やそれに協力した政党はそのうねりに茫然自失となり，なす術もなかった．

少子高齢社会対策という「大きな政府」を求める意識と，経済力が低下している中での「増税」不可避という意識のはざまで国民は揺れる．この意識の揺れに対して有効なメッセージを発し得ない「政治の現状」がある．「縮減の時代」への移行とは，有権者からは嫌われる不人気な政策をあえて実行に移すことを意味する．だからどの政党もリスクを取れないから及び腰になり，将来を見据えた骨太の政策デザインを打ち出せない．ただし参考事例は，案外近くにある．民主党がアンチテーゼとした小泉政権下に矢継ぎ早に打ち出された「政策イノベーション」は参考事例として吟味する価値がある．この政権は，手詰まり状態の自民党政治の現状を打破する目的を明確にしたある種の社会実験政権だったともいえる．彼の唱えた

「郵政民営化」は，時代遅れの「鉄の三角形」を徹底的に打破するという明解なメッセージであり，これまでの政策形成を仕切ってきた「しきたり」への挑戦でもあった．後述する官邸主導の経済財政諮問会議は従来型の政官の協力ゲームをある面では否定する特徴を持っていた．この改革の動きは各方面からの抵抗に遭う．抵抗に抗い続けるだけの政治的リーダーシップを発揮できなければ，本格的な改革の動きは次第にパワーダウンしてゆくのは自明の理なのだ．なぜ小泉政権下で打ち出された政策イノベーションが霞が関や永田町で忌避されたのか，その原因を探ってみよう．

第 2 節 「破片化する社会」と霞が関の生存競争

　どのような政策も政策変更もステークホルダーにとって必ず再分配機能を持つ．しかしステークホルダーは一枚岩ではない．たとえば，若者と老人，地方と中央，内需産業と外需産業などの 2 項対立が存在するし，2 項対立の多様な組み合わせで相反する利害を持つステークホルダーは幾つにも分類できる．ゼロサム的で不人気な「縮減の政策」が大半を占め，国民の利害関心も分散している時代に，国民的理解を得ながら，どのように政策を作ってゆくべきか．さほどグローバル化も情報化も進んでいない上，配分の政策が支配的だった時代とどう違わせるべきなのか．これを霞が関の行動パターンに焦点を合わせて吟味する意味は大きい．少子高齢社会の進展の中で国民各層の価値観も，多様化し分裂の危機にある．家族の崩壊や社会的つながりの希薄化，自制が利かないせつな的思考パターンや行動パターンも，国民の一部で散見されるようになってきつつある．これらは人々を自制的存在に落ち着かせる機能を持っていた「世間あるいは社会が破片化」し，多様な方向に分散する価値観を統合する役割など望むべくもない時代の到来を反映している．このような時代に，多様で複雑に絡み合い，多くの場合相反する利害関係を持つステークホルダーの思惑を考慮し

ながら，統合的な政策を形成するアクターとは誰か．おそらく，国家のシンクタンクあるいは司令塔と長らく自負し，国民からも認められてきた中央省庁はその代表的な存在だ．だからこそ「政権交代」という表層雪崩のような状況変化にもびくともしない省庁システムにしっかり埋め込まれた行動パターンを吟味する必要がある．

「鉄の三角形」という互恵的協力関係の構造は，顧客・代理人（プリンシパル・エージェント）の関係でモデル化できる．政界と民間の関係では，顧客が財界あるいは業界，代理人が政治家となる．顧客が代理人をコントロールする手段は集票マシーンの提供や政治資金などであるが，それほど精緻で実効性に優れているとは言えない．双方の「協力戦略」には，政権の継続によって互恵的関係が維持されるという前提が必要である．長期政権が期待できず，「裏切り戦略」が自己利益にとってより優位な状況下では，早晩この関係は不安定な非協力ゲームになる可能性が高い．業界ごとに支持政党を乗り換えることはそう困難なことではないからだ．

他方，政官関係では顧客が政治家で，代理人が省庁である．顧客は代理人を法案や人事権など官の主要な関心ごとを左右できるのだから，精緻にして実効性に優れたコントロール手段を持つ．一般に政権党との選好順位が一致したときにのみ，省庁を経由する予算も法案も国会の承認が得られる．顧客のいうことを聞かない「強い代理人」である事例は極めて例外的である．政権が安定し，省庁との利害も一致したときには強い紐帯ができ霞が関起点の政策が実効性を持って円滑に展開できる．そうでない場合には代理人に対する，顧客からの手痛いしっぺ返しが待っている．具体的事例としては，細川非自民党政権と大蔵省との二人三脚，それが裏目に出た橋本内閣での大蔵バッシングと金融庁分離の一大ドラマにその典型を見る．自民党政権と省庁の蜜月関係とは，ある種の自由度を持って代理人の行動が許される関係が維持されていることを意味する．

蜜月期間があまりにも長かったので，自由度を利用した権限独占は「官庁セクショナリズム」を強固なものにした．そしてセクショナリズムの強

化に伴って，事前事後あるいは公式非公式の相互調整の必要性は増大し，政策形成の総合性や弾力性そして迅速性を欠落させてしまった．どの省庁も例外なく大幅な権限変更や自由度削減に対して強い抵抗を示すからだ．第1次，2次臨時行政調査会など幾度となく設置され答申を出してきた行政改革機関も省庁の所管を前提（つまり縦割り行政を認めた上で）に，内閣官房の強化など当面の総合調整機能強化を提言するだけにとどめざるを得ないくらいに各省庁からの抵抗は強かった．

しかし，94年の第3次行革審で「省庁再編」が提案された．続く96年の総選挙で「縦割り行政の弊害除去」が自民党の公約としてあげられ，2001年1月「省庁再編」がなった．これだけのドラスティックな改革が行えたのは，自民党が一度野党に下る経験をしたことで，橋本内閣と霞が関との間で政治優位の非協力ゲームが展開されたからともいえる．この一連の動きから見れば，内外の「官僚優位」論は一面的すぎるし，政権党と省庁との顧客・代理人関係が現実的だということも確認できる．しかし「省庁再編」で「官庁セクショナリズム」の弊害が一挙に解決するわけではない．政官双方の分野に人を得ることなしには，その道筋さえつけられないのだ．自民党は長期政権の中で「次代の人材づくり」を選挙区の理由や後援会の在り方など幾つかの理由から怠り，世襲議員を多く輩出させてしまった．結果として，政治家を志しながらその地盤やカンバンを継承できなかった俊秀は民主党に流れた．さらに政権交代を予測し自民党離党という選択をする有力議員も現れた．省庁再編による行政改革の不徹底と国民に不人気な「縮減の政策」の手詰まり感から，省庁の人材も他の分野に流出すると同時に，霞が関は優れた新卒の囲い込みにも失敗しつつある点では憂うるべき状況にある．

この人材流出と枯渇を招きそうな省庁の現状打破には，もう一度98年にできた「中央省庁等改革基本法」の3つの条文に立ち返ってみる必要がある．この法律は橋本首相本人がトップとなり，省令で設置され，フレッシュな若手官僚と民間人で構成される「行政改革会議」での議論を土台と

して作られた．その条文の中には「行政運営の透明化と説明責任」（第4条），「企画立案，総合調整のための省庁内外からの人材登用」（12条），「行政情報の公開」（50条）などがあるが，これら3項目の拡充は，いまだ実現していない人材の一元採用や一元管理とともに，「省庁セクショナリズム」の弊害除去について必要不可欠だ．優れた政策は優れた理念と制度に支えられて一層の輝きを与えられる．

　省庁システムの進化は政策の進化に直結する．その進化には積極的な情報公開と同時に政策評価や他省庁も含めた外部組織人材との交流などと並んで，省庁間の活動の意図的な重複を前提とした競争（縄張り競争）も「ある程度」認めなければならない．しかし「縮減の政策」が求められる時代には，政治からの圧力と省庁間での厳しい競争環境の中で人・物・金をめぐる省庁間調整がより一層重要になる．政策の整合性，迅速性そして弾力性を犠牲にする「官庁セクショナリズム」がもたらす調整費用の増大防止も「省庁再編」の主要な目的でもあった．つまり省庁を大括りに統合することで，調整費用の内部化を図ることを狙った．しかしセクショナリズムは省庁単位だけではない．「局あって省なし」の状況を温存する組織哲学を打破した組織運用ができなければ，大括りにする目的の一角が崩れてしまう可能性は大きい．

　また一般的に省庁間で非協力ゲームが個別省庁の利益に合致するならば，調整費用は増大せざるを得ないし，時には情報回路の切断や，情報の秘匿・歪曲を生み，結果として政策間の整合性を失わせる可能性も大きい．省庁間調整と，それが不可能な場合に内閣に調整を意見具申して調整を委任するという二段階の調整プロセスに大別する工夫が講じられるが，予算や権限をめぐる省庁間調整という極めて「人間臭い」作業は，各省庁の人材の配置の巧拙に左右されざるを得ない．だから省庁間調整の結果が，企画立案の優劣とは必ずしも一致しない可能性は高いのだ．

　配分の政策の時代から縮減の政策の時代に変わり，その分政策の行方に対する十分な配慮とともに果敢な選択と決定が必要不可欠といえる．その

ため総理の発議権，官房機能強化，内閣府の設置など内閣機能の強化による「省庁間を横串で横断する」総合調整が円滑に行われるように内閣法が改正された．つまり，「省庁再編」は政策にかかわる政治的取引費用の削減に焦点を合わせたドラスティックな構造改革だった．個別の利害関心は分裂し，省益や局益を最優先に政治的取引にかかわろうとする誘因に振り回されるアクター（各省庁）の削減，その過程で必要になる省庁間の調整作業の効率化と統合化のために，内閣の位置づけを他の省庁より一段上げる目的を持っていた．

しかし省庁再編の目的が成功するか否かは，制度的仕組みの良し悪しと，人的資源の制約を克服する人事制度のあり方が重要なのである．再編前の構成メンバーの本籍が再編後の府省の関係にも色濃く反映してくるから，人的資源の制約は時間が解決するしかないのが現状だ．また，内閣を支える官房や内閣府の機能が十全であること，そのために他の省庁との間で十分なコミュニケーションの成立が必要だ．その上で，省庁間の情報回路を活用した協力ゲームが展開されなければならない．しかしそのインセンティブが，他省庁に存在しなければ非協力ゲームにならざるを得ない．この閉塞状況を破るには政治的リーダーシップが必要だ．小泉内閣の政策イノベーションはまさに内閣のパワーアップの証左でもあった．そして続く安倍，福田，麻生の短命内閣での右往左往，国民が選択した政権交代後の民主党政権の稚拙な政策運営の中で，日本丸は政治経済のグローバル化の荒波の中を他国に冷笑されながら漂流を続けることになった．

第3節　政策形成過程の信頼回復

家族も地域社会も政府もあてにはならない，「無縁社会」の不安の中に今の国民は置かれている．「この国のかたち」が定まらない不安から，若い世代で少子化に歯止めがかからず，きずなも失われて久しく，超高齢社

会が到来してさまざまな課題が噴出している．「失われた20余年」は経済だけの問題ではなく，社会的きずなが分断され，政治が迷走し続け，結果として政策のぶれに翻弄される時代でもある．きずなが分断され「破片化する社会」は，人々をつなぐ情報回路を切断し，問題の所在も，政策課題の摘出もままならず，したがって政策の対象を決定し，実行するための政治的取引費用を莫大なものにしている．中央集権に傾きすぎている点で世間一般から悪評は高かったが，かつての「鉄の三角形」は巧妙にもこの費用をかなり低減化していた．それぞれの問題の発見，政策課題の摘出に必要な情報回路が，霞が関と財界や業界団体，そして野党と組合の連合体，国と地方自治体との間に相当程度完備していたからだ．しかしこれらの情報回路が産業構造の転換や組合や自治会などの組織化の低落，都市や地域化に伴う人々の思考，行動パターンの変化により完全に劣化し，分断されたといってよい．ここに「タイミングのまずさ，政策の質的劣化」を指摘される政策形成能力の原因を見る．

　さまざまな地域や職場をつなぐ情報回路が劣化分断されたために，課題の発見に活用するための省庁の触覚機能が劣化し，熟成した議論を重ねる時間的余裕がなくなっている現状がある．だから，十分に議論することもなく場当たり的な対応に終始し，政策形成に必要な人材や専門知の取り込みの失敗などで政策形成の初期段階で躓いているケースが多くなっている．「破片化した社会」で分散した情報を統合するために，メディアや公共的課題に関心を寄せる専門家の力をもっと活用することの重要性は大きい．幸い，学会を中心に専門知を集約し，公共的課題の積極的関与しようという動きが出始めてもいる．また，ICTを活用してより改善された情報回路の構築も可能になってきつつある．

　他方，規制緩和や「市場化テスト」で政策対応すべき領域のスリム化も必要なのだ．これは，グローバルな競争が産業界ばかりでなく，政府の行動も含めて展開されだしていることからもいえる．新幹線技術や原子力発電技術など，グローバル競争下での社会インフラビジネスの売り込み，日

進月歩の先端技術における国際標準化戦略などでは，「縦割り」の弊害を除去して規制緩和や法整備などの迅速な決定が求められる．どのような政策課題に取り組む場合もあらかじめ「撤退戦略」を考える必要がある．課題解決の迅速化が最重要なケースでは，効率化を犠牲にしてまで公平性や社会的合意を重要視した行政対応が逆に桎梏に変化する可能性も大きい．もっと民間ベースの頑張りに任せることもあってしかるべきだ．彼らの要望を斟酌し，場合によっては「政府の出番」を民間側で設定するほうがむしろ効果的な場合もある．鉄鋼メーカーの経営統合に見られるような，公正取引委員会と経済産業省の縄張り争いなどに矮小化することの愚を産業政策失敗の歴史から学ぶべきだ．少子化の中の幼稚園，保育園の「幼保一元化」や認可保育所の問題も高齢者介護の問題もしかり．国が率先して基準を設定したり，直接出張って執行すべきものだろうか，もっと実情を知る地方自治体や地域コミュニティに任せるべきではないか．国際的な視点からすれば，教育など基準のかさ上げが必要なものも残されてはいるが，もはやナショナルミニマムの大部分は達成されている．

　さまざまな社会的課題をうまく解決するための知識や知恵は，国内に幾らでも散在する．国内最大最強のシンクタンクを自負する霞が関や一部永田町の族議員だけがそれらの知識や知恵を占有しているのではない．民間の知識や知恵が有効に活用されるには，社会的決定に「はっきり見える形で」しかも「責任の所在も明確にして」，意欲と専門知を持った人々が参画していると実感できる場を用意しなければならない．政策形成は，霞が関や永田町を中心とするいわゆる「政府」が独占すべきものではもはやない．政策課題として設定すべき対象（アジェンダ）か否か，その決定は対象の特性に依存する．

　ただ政策課題が設定された段階で，どのような解決手段を講ずるべきかについては，理論的な検討とともに，現状把握が十分になされる必要がある．公共事業はバラマキ行政の典型，地域経済へ乗数効果は低く無駄，という主張が「縮減の時代」到来で歓迎された．しかしこの種の主張は，投

下された資金が地域を循環せず，請け負った企業の本社に大半還流することを見落としていた．さらに公共事業の多くが地域の社会経済に貢献するインフラではなく，土地譲渡者や下請け土木作業者の所得と短期的雇用にしかつながらないことも大きい．地元利益を優先した再選戦略を取り続けてきた政治のツケの一種だ．短期的な効果しか持ち得ないバラマキ型公共事業の半減で，それに依存する全国各地の地方経済は疲弊した．新興諸国の好調な経済効果の恩恵が，日本経済全体の底上げにうまくつながらない理由の一端もそこにある．この地方の現実を転換せずに日本の将来はない．マクロ経済的視点だけでなく，地方経済自立の視点を盛り込んだ振興策も経済成長を前提とした経済立て直しの中長期戦略として考え直す時期に来ている．

　日本の財政状況は危機的段階に突入して久しい．加速化する少子高齢社会における財政再建はそれ自身「日本社会の持続可能性」を明確な目標であり，実効性のある手段を講じなければならない最重要課題だ．しかし抜本的な課題解決策が提案されてはいない．従来からの手法である各省庁からのボトムアップ方式ではなく，なぜ明確な司令塔のもとで実行される戦略に必要なマクロ経済モデルのシミュレーション結果から出発しないのか．あるいはマクロ経済シミュレーションの描くシナリオを広く国民に開示して，判断を仰ぐ勇気を永田町も霞が関もなぜ持ち得ないのか．政策手段の決定は合意のプロセスを必要とする．この合意を形成するプロセスは，府省内部で次に政官で，そして国民との間で必要になる．その合意のプロセスで最も重要なのは，講ずべき政策に関して相互調整し統合化するための「説得」であり，政策主体たる政府への「国民の信頼」なのだ．合意のプロセスで関与してくるアクターは多種多様ではあっても，判断においていずれのアクターも優れて「合理的」である．合意を必要とするアクター間での信頼なくして，道理を尽くした説得もそれに続く合意もありはしない．また合理的判断には，透明かつタイミングの良い情報公開が不可欠であることも強調したい．

財政再建と十分な社会福祉を模索する時代の中で，官僚制度に特有な前例踏襲主義，増分主義的手法の典型である単なる積み上げや一括シーリングなどに固執していては，国民も含めて合理的アクターの信頼は得られない．まして熟議を通じての国民の説得など不可能といえる．抜本的対策の必要性を国民に訴えることを逡巡することは「官僚制の逆機能」の典型でもある．政権党はタイミングを見計らって選挙を戦おうとする．国民の判断材料として発表される統計データに政権党は無関心ではいられない．あるいは府省にとっても，統計データの「若干」の操作は発表の段階で要求されることも確かだ．だから国民に現状を説明するときに，成長率や失業率といった統計数字を意図的に操作する歴史がある．そもそも府省は政策に伴う重要な数字の発表を回避する．「数字が持つ強いアピール度」が彼らの行動を拘束すると考えている．期待と実績の差が明確にされると，メディアを通じて責任追及されやすいからだ．

ともかく現実の環境変化に迅速に対応する学習効果があまりに芳しくないので，霞が関と永田町をつなぐこの種のドタバタが，政策ではなく政局を生む転換点をいつも形成してきた．国民が政府への高い満足度を示す北欧と対照的な姿がここにはある．実績を期待度で割り引く評価の際に，期待度も低いが，実績がそれにも増してもっと低い日本はどうすべきか．負担増も含めて，もはや他力本願，リーダーまかせですむ段階ではないことを国民自らも真摯に受けとめるべき時なのだ．

かつて「司は司に」を信条とした首相たちがいた．政策の成果が上がるかどうかは，企画立案から政策現場までの距離だとして，側近を通じていつも政策当局と国民との距離感を測っていた．中央と地方の関係，あるいは国・都道府県・市区町村という「政府の三層構造」の合理性を道州制も含めて国家ガバナンスの面から吟味することの重要性がここにある．さらに，企画立案，決定，実施，評価の政策形成のサイクルの中で，どのような政策アクターが関与し，どのサイクルで人的資源や時間などのリソースを投入すべきか十分な検討が必要だ．さらに，立案から評価までの空間的

時間的距離の拡大は，間違いなく放縦と無責任を生じさせる．国民の側からの組織的な政策評価を制度化する努力が必要だ．これは，正確性（合目的性と時間的整合性）と実効性（効率性と有効性）の確保が政策の生命線であることから自ずと計算される．メンツや前例踏襲は障碍でしかない．多様な才能を持った政治家，官僚，そして専門的知識や経験を持つ国民といったアクターが，放任すれば非協力ゲームに陥りやすい日本の現状を未然に防止しながら，どう知恵を出し合い，どう政策を立案し，どう政策目標に向かって有効な手段を繰り出してゆくか，場合によっては創造し，政策課題を解決の方向に導くかが問われている．このような一連のサイクルを持つ政策形成の進化を最後に後押しするのが政策評価という極めて専門技術的作業である．「なんのための評価か」を問わなければ，評価のための評価にならざるを得ない．評価とは政策の進化を期すために，「外圧として」人事や予算にまで踏み込むべきやっかいな作業でもあることを肝に銘じるべきだ．

第4節　政策イノベーションのジレンマ

　専門特化を求める省庁間での調整では収まりきらない国家的課題や制度設計が必要となる場合がある．その際に，首相自らが類まれな政治的リーダーシップを発揮し，直属の内閣が十二分にその機能を発揮してこそ実現する．それには国民各層の支持が必要であることも国民は十分認識しているから，国民が承認できるプロセスの明示化が必要となる．そのプロセスの明示化なくして国民の理解と承認は得られないから，国民はリーダーシップ発揮の後押しもしてくれはしない．永田町や霞が関でのマジョリティが必ずしも高い支持を表明しなくとも，国民的支持が高い首相ならば強いリーダーシップを発揮できる．近くは中曽根，小泉両首相は，その国民的期待と支持の上に国鉄民営化，構造改革などの政策イノベーションを

実現できた．

　ここでは小泉構造改革を主導した人たちの証言をもとに，専門家の評価も絡めて経済財政諮問会議を取り上げる．経済財政諮問会議は01年1月に森内閣のときに発足した．後を引き継いだ小泉首相の強い政治的リーダーシップのもとで，この審議機関は政治主導のトップダウンで行う「聖域なき構造改革の司令塔」として位置づけられた．竹中氏を中心にしたグループが，司令塔の中身に新しい工夫を次々に追加し政策の実現に結びつけた所に，イノベーションがあった．オーストリア出身の経済学者J.シュンペーターは古い革袋（すでにある組織や役割期待）に新しい酒（アイディアや工夫）を注ぐことも，イノベーションの1つと認めている．経済財政諮問会議で経済と財政をバランスさせることを国民に明示した「骨太の方針」もイノベーションといえる．当初は方向性などを大所高所から議論し報告するという役割が期待されていた．それを小泉内閣では百八十度転換させた．縦割り行政になじんだ省庁関係者のイニシアティブではなく，首相，竹中氏，民間4議員たちインナーサークルでしっかりタッグを組んだ上で，絶妙なタイミングで提出されるアイディアとシナリオから「構造改革と経済運営の基本方針」が打ち出された．強いリーダーシップに裏打ちされたトップダウンの決定のわかりやすさと，会議の中身が三日後に広く国民に公開されるという透明性によって国内外に認知された．また公共投資削減，税制改革，構造改革特区，三位一体改革など霞が関と永田町を向こうに回し，構造改革を骨太の方針の議決事項にし，その実行を工程表で縛り実現へと導いていった．

　一般にこのような政策イノベーションの成功には，その創発に対して力強い共鳴板が必要だ．共鳴板なくして，イノベーションは根を切られた生け花のように早急に立ち枯れてしまう．竹中氏の率いた経済財政諮問会議の成功には，専門知識に裏打ちされた創発的なアイディアと小泉首相という強力な共鳴板が必要だった．しかし，期待した以上の成功には，次なる失敗を静かにそして周到に用意する歴史的ジレンマが必ず潜んでいる．だ

から強力な共鳴板が外れた瞬間，そのインナーサークルから遠ざけられていた相手やライバル達に狙い撃ちにされる運命が待っていた．これは経済財政諮問会議の辿った道を考えればわかる．政治主導を唱えて誕生したはずの民主党政権でも，同種の機能を持った司令塔は霞が関や永田町の強い抵抗に遭いとうとう設置されていない．改革を継続させることの難しさがそこにある．制度改革の政治的取引費用は，経済的な取引費用とは比較にならないほど高い．しかし民主党の政策上の迷走を見るとき，司令塔の必要性が手に取るようにわかる．

　囚人のジレンマの状況に陥りやすい非協力ゲームが，政治の世界と行政の世界とその両者が接触し融合する政策現場で展開される．この複雑に絡まるゲームに社会的最適解を発見し，それを実現させる普遍的錬金術などはどこにも存在しない．拙速を嫌い，漸進主義を標榜する民主主義下での方向転換にかかる取引費用は異常なくらい高い．国際舞台でも高い政治的取引費用に悩み，国益を越えた賢者による政治を説いた「ケインズの闘い」がその洗礼でもある．

第5節　処方箋としてのボトムアップ型政策形成

　「公共性」をめぐって，さまざまなアクターが参加し，主張する時代なのだ．このような時代の政策形成には，声高なポピュリズムと強固な権威主義の双方から挟まれた「狭い道筋」を，注意深くしかも着実に進んでゆくには，説得力を持った論理と類まれなバランス感覚と強い信念と意志が必要だ．国と地方の行財政スリム化にも年金制度の抜本的改革にも見られる通り，さまざまな要因によって環境が変わろうとも，誰も一度手にした既得権益を手放そうとはしない．総論賛成，各論反対の国民各層からの大合唱が高い壁となって立ち現れる．政策課題は本来多面的であり，時間軸の中で可変的な存在といってよい．国民はある時期まで，自民党長期政権

を支え続けた「鉄の三角形」の存在を許してきた．自らの生活基盤が十分に確保されるという前提が満たされるならば，という条件付きの承認である．この条件が満たされている限り，一般国民が主要なアクターとして前面に出てくることはない．治山治水を目的とした大規模公共事業が「生活や環境」という新たなキーワードでその前進を阻まれた時，従来の行政スキームでは解決しきれない状況が生まれる．さらに，もっと予想のつかないアクターも現れた．大規模店舗法という中小商店街保護政策が，「日米貿易摩擦」の主要ターゲットとして選択されたが，この選択を外圧としてのしかかるまで誰が予想できたか．

これらのアクターの多元性がもたらす不安定性や拡散性を「黙殺と圧力の回路」で抑えつけるのではなく，そのダイナミズムを「共感と交渉の回路」でうまくコントロールして活用する工夫が必要なのだ．しかし9.11以後の米国社会を見るまでもなく，社会的環境の悪化はこれまで当たり前だった「譲り合い」や「お互い様」の感情を凍結させ，他者への責任の押し付けに始まり，エゴと非寛容が支配する社会を作り出した．これ迄あったきずなが分断された「無縁社会」に誰もが不安に駆られながらどう対策を打つべきか考えあぐねる日本も例外ではない．「人口は職を求めて移動する」という傾向法則通り若者が去って次第に高齢化する地方と，将来をかけようとする若者をいたずらに吸い寄せる大都会という「すみわけの図式」が一般化してきた．しかし将来展望が描けず大都会を彷徨する若者の増大は，婚姻と出生がねじれることで，日本を一層少子化に向かわせる．

この解決には，財政破綻からの脱却を目指す小さな政府から福祉重視の大きな政府への「国のかたち」の大転換は必ずしも必要ではない．そうでなくとも政府は放任すれば肥大化するというパーキンソンの法則が成り立つ．「大きな政府」を回避するには，社会に散在する知恵と知識の1プラス1が3にも4にもなる「新しい政治算術」が成立する社会的仕組みを作り出せばよい．おそらくそれは「ボトムアップ型政策形成」といってもよい．当たり前の感覚，あるいは常識に基づいた一般市民感覚で，1から社

会が必要とする政策をとらえ直すことだ．実際の政策形成にあたる霞が関も，永田町も「民は知らしむべからず，依らしむべし」の一方的思考パターンから完全に解放されてはいない．「スモールワールド・ネットワーク」で計算され，実験されているように，社会に潜在する知識や知恵に裏付けられた新しい政治算術を実現する社会的ネットワークは案外多様で，短く太く頑健なのだ．こうした社会的ネットワークの充実は組織や活動の画一的「スケールメリット」を必ずしも求めない．むしろ「顔の見える関係」を維持する凝集性や常につなぎ直されるネットワーキングが重要だ．顔が見える関係だからこそ，政策へのタダ乗りも防止できる．全国各地で執行されている行政主導の都市や地域計画ではなく，「自分たちのまちづくり」がNPOや産官学連携をベースに始まっている．その手づくりの活動から，まちづくりのリーダーが育ってきた．試行錯誤に対する寛容性，楽観主義が全国一律を求める都市や地域計画を駆逐し始めている．中央集権的均一性の中で社会的ダイナミズムが徐々に欠落していったプロセスを反省すべき時代に入った．「均衡ある国土の発展」というフィクションに踊らされることなく，地域の肌に合ったホームメイドの生活空間づくりが，全国各地で始まっている．若者を中心とした試行錯誤の末のイノベーションを見守り育てる環境こそ今各地で必要とされている．その環境は大都会が必ずしも独占できるものではないということを若者は知っている．今こそ，官単独でも，民主導でもなく，官民共同の「公共」による政策形成をうちたて，日本再生を図るべきなのだ．

　「政治学者は政府の光の部分を強調し，経済学者は市場の光の部分を強調しすぎる」とは，専門家の陥りやすい思考バイアスへの代表的警句でもある．この種の落とし穴は専門的議論を期待される審議会という政策形成の場でさえ時おり観察される．日本における政策形成の一層の進化には，これまで幅を利かせてきた組織マネジメントの専門性ではなく，政策分析に必要な専門性を持った人材の登用や育成が必要だ．「視覚に錯覚がつきもののように，思考にも錯覚がついて回る」とはフランス革命期を生きた

天才数学者ラプラスが与えた専門家への警句だ．ナポレオン施政下で一時期大臣を務めた彼は「社会的決定が十分な意味を持つには，決定に参加する人々の資質が重要なのだ．」とも言っている．あらたな国づくりは地域づくりから，そして地域づくりは人づくりから始めなければならない．地域の若者を中心としたボトムアップからの試行錯誤を認め合う社会的関係がそこには必要である．これは，ある種のソーシャル・キャピタルといってよい．

以下の章ではそのための条件を検討してゆく．

おわりに

現在のように不確実性に満ち，多様なアクターの思惑や利害が絡まり合う状況だからこそ，仲間うちだけでなく他者の視点をも認め合い共感し合い，オープンに議論し合うプロセスを通して，より賢明な政策形成を図ってゆく地道な努力が必要なのだ．インナーサークルに固執し，不信と情報分断に支えられた「一点突破主義」の短期的勝利は，環境の変化でいつでも覆される脆弱性を持つ．それは小泉政権の終焉とともに始まった経済財政諮問会議の辿った道を参考にすれば十分だろう．また国民各層は政策に関して，これまでの他人任せで近視眼的な傍観者の立場から意識的脱却を図り，自己決定の責任と自覚を持つべきだ．なぜなら政策形成の本質が官民の協力による「公共性」に根ざしているからだ．

（注）本章は細野（2012）に大幅な加筆訂正を施したものである．

参 考 文 献

青木昌彦（1992）『日本経済の制度分析』（永易浩一訳）筑摩書房
青木昌彦（1995）『経済システムの進化と多元性』東洋経済新報社
青木昌彦 他編（1997）『東アジアの経済発展と政府の役割』日本経済新聞社
足立幸男（2009）『公共政策学とは何か』ミネルヴァ書房

飯尾潤（2006）「経済財政諮問会議による内閣制の変容」『公共政策研究』第 6 号　32-42
飯島勲（2006）『小泉官邸秘録』日本経済新聞社
今村都南雄（2005）『官庁セクショナリズム』東京大学出版会
大山耕輔（2010）『公共ガバナンス』ミネルヴァ書房
桂木隆夫（2005）『公共哲学とは何だろう』勁草書房
加藤寛 編（2005）『入門公共選択』　勁草書房
金井俊之（2006）「戦後日本の公務員制度における職階制」『公共政策研究』第 6 号　64-80
クリステンセン，C.（2001）『イノベーションのジレンマ』（玉田俊平太監訳）翔泳社
小西秀樹（2009）『公共選択の経済分析』東京大学出版会
斎藤淳（2010）『自民党長期政権の政治経済学』勁草書房
斎藤純一（2000）『公共性』岩波書店
城山英明，鈴木寛，細野助博 編（1999）『中央省庁の政策形成過程』中央大学出版部
城山英明（2001）「行政改革の体制と実施上の諸問題」『計画行政』24 巻 2 号　22-27
城山英明，細野助博 編（2002）『続・中央省庁の政策形成過程』中央大学出版部
曽我謙吾（2005）『ゲームとしての官僚制』東京大学出版会
竹中平蔵（2006）『構造改革の真実』日本経済新聞社
ディキシット，A.（2000）『経済政策の政治経済学』（北村行伸訳）日本経済新聞社
ドスタレール，G.（2008）『ケインズの闘い』（鍋島直樹他監訳）藤原書店
ナイ，J. 他（2002）『なぜ政府は信頼されないのか』（嶋本恵美訳）英治出版
ナン・リン（2008）『ソーシャル・キャピタル』（筒井淳也他訳）ミネルヴァ書房
日本経済新聞社 編（2010）『政権』日本経済新聞出版社
ハイエク，F.（1986）『市場・知識・自由』（田中真晴他訳）ミネルヴァ書房
パットナム，R.（2006）『孤独なボーリング』（柴内康文訳）柏書房
フォール，E.（2007）『チュルゴーの失脚』（渡辺恭彦訳）法政大学出版局
フリードマン，B.M.（2011）『経済成長とモラル』（地主敏樹他訳）東洋経済新報社
フロリダ，R.（2008）『クリエイティブ資本論』（井口典夫訳）ダイヤモンド社
細野助博（1995）『現代社会の政策分析』勁草書房
細野助博（2001）「中央省庁再編の政策分析」『計画行政』24 巻 2 号　28-36
細野助博（2006）「政策決定過程改革の方向」『日本経済新聞』12 月 14 日朝刊「経済教室」
細野助博（2010）『コミュニティの政策デザイン』中央大学出版部

細野助博（2012）「日本型政策形成の「新しい」政治算術」諏訪春男編『アジアの中の日本官僚』勉誠出版　第5章所収
牧原　出（2009）『行政改革と調整のシステム』東京大学出版会
増島俊之（2010）「行政における行為形成の成否」小池洋次編著『政策形成』ミネルヴァ書房　第3章所収
待鳥聡史（2012）『首相政治の制度分析』千倉書房
真渕勝（2009）『行政学』有斐閣
ラプラス，P.（1997）『確率の哲学的試論』（内井惣七訳）岩波書店
ラムザイヤー，ローゼンブルース（1995）『日本政治の経済学』（加藤寛監訳）弘文堂
Ades, A. F. and E. L. Glaeser (1995) "Trade and Circuses: Explaining Urban Giants."
　　　　The Quarterly Journal of Economics, Vol.110:1 195-227
Alesina, A. and E. Spolaore (1997) "On the Number and Size of Nations"
　　　　The Quarterly Journal of Economics, Vol.112:4 1027-1056
Eaton, J. and Z. Eckstein (1997) "Cities and Growth ; Theory and Evidence from France and Japan,"
　　　　Regional Science and Urban Economics, Vol.27 443-474
Romer, T. and H. Rosenthal (1978) "Political Resource Allocation, Controlled Agendas,and the Status Quo."
　　　　Public Choice, Vol.33:1 27-43
Tiebout, C. M. (1956) "A Pure Theory of Local Expenditures."
　　　　Journal of Political Economy, Vol.64 416-424

第2章

ローカルシステムの空間構造

細野 助博

はじめに

　ここでは，行政区界を決定するメカニズムを簡単なモデルによって考察することから，社会インフラの整備がある種のストロー効果を持って一極集中をもたらすことを指摘する．と同時にそれが地域の内部構造にある種の「入れ子構造」を作り出すこと，それが限定された都市への人口の一極集中を強化する方向に働くメカニズムを一国レベルのデータセットと，9ブロックに分割したデータセットによって実証的に分析する．

　全国的にはバブル崩壊後の「失われた10年」がまさしく首都圏への人口流入を強化したことを実証的に示すと同時に，この傾向が創造性と多様性を秘めた都市や地域づくりにとって逆の効果しか持ち得ないことを指摘する．一国全体がグローバル競争に勝利するために，高付加価値商品の生産で勝負に打って出るのではなく，コスト削減という新興国との競争では勝ち目のない競争を展開することで，国内産地が疲弊の極みにあることも指摘する．「この非合理的ビジネスモデルからの転換なしには日本の明日はない」ことを政府も経済界も，そして日本の司令塔を自負する霞が関も自覚すべき段階にあることを指摘する．

第1節　都市や地域空間の「入れ子構造」

　国土を構成する複数の地域は，相互に航路網，軌道網，道路網そして通信網を通してつながる．この血液にも似たつながりの中を商流，物流，人流，情流が行きかう．このつながりは国境も超えるのだから，都道府県や市町村という行政区界を超えるのは朝飯前といえる．しかし，距離の摩擦は思ったよりも強い．移動や輸送の費用対効果の比率が最長距離，つまり境界を決定する．効果が拡大すればあるいは費用が低下すれば境界は伸びるし，その逆もありうる．ヒト・モノ・カネの移動や輸送の費用対効果が地域のあり方を演出する．たとえば，単一円状に似通った特性を持つ都市や地域が張り付いてゆくサロップモデル（Salop's model）からそれを検討してみよう．

　均質な都市や地域が最大の勢力圏を費用対効果で達成しようと相互に競合し合う空間的な都市や地域間独占競争モデルを考える．各都市や地域行政の純便益をπとする．住民が受けるサービスの水準をpとし，負担する税金をcとする．都市や地域の行政規模をDとする．また社会インフラの規模に比例する建設維持の両費用をfとする．住民は少しでも行政サービスの優れた都市や地域に移動距離に比例するコストで移動できるとする．その際，「自らの土地を切り取って移動する」ので，行政規模はその規模の特性を決定する人口と土地が「同時に」変化する．行政の数をnとすると，行政間のサービスをめぐる競争は，均衡時点ではすべての行政間で均質な行政サービスが実現するようにしむけることになる．住民の純便益をΠとすると，

$$\Pi = (p-c)D - f \tag{1}$$

となる．さらに，行政から住民居住地までの距離をR，その移動に伴う単位当たりの移動コストをt，競合する行政のサービスをp'として，競合

する2つの行政の間で,

$$p + tR = p' + t(1/n - R) \tag{2}$$

という均衡条件が成り立つ.これから,均衡状態での「最も遠距離の住民」は

$$R = \{(p'-p) + t/n\}/2t \tag{3}$$

の距離に居住することになる.このモデルでは簡単化のためにシンメトリーな世界を想定しているから,行政規模 D は,

$$D = 2R \tag{4}$$

となる.これから,各都市や地域行政の純便益は

$$\Pi = (p-c)\{(p'-p) + t/n\}/t - f \tag{5}$$

と書けるから,純便益最大化の必要条件は,p と p' が等しくなり,かつ

$$\Delta\Pi/\Delta p = \{(p'-p) + t/n\}/t - (p-c)/t = 0 \tag{6}$$

となる.これから,住民が受けるサービスの均衡水準 p^* は

$$p^* = c + t/n \tag{7}$$

となり,さらに

$$(p^*-c)/t\{t/n\} - f = t/n^2 - f = 0 \tag{8}$$

が成立し,均衡行政数 n^* は,前述のようにシンメトリーな世界を想定しているから,

$$n^* = \sqrt{t/f} \tag{9}$$

となる.この単純モデルは都市や地域のアメニティ(コンパクトな都市や地域内部で保有する公共施設,オフィス,商業施設などのハードと娯楽や教養サービスの完備具合)の増加といった公共施設などの社会インフラの整備がたとえば移動コスト t 低下させることを通じて,二重の意味で均衡行政数あるいは均衡都市や地域数を減少させることを示唆する.また,移動コスト t の低減も同様の効果を持つ.

どこで誰が質の高い決定を行うべきだろうか.それをどう末端まで周知徹底順守させるか.移動費用の高さが,個々人の配置,つまり本部勤めか地方勤めかを決定する.本社をどこにするか,どこに支社・支店を設け,

どこを出張所にするかは，取引上のリスクも加味された期待収益と地価の高さによって決定される．投下する金額の大きさはリスクに比例する．あるタイムスパンで計算された期待収益でプロジェクトは順序づけされ，採択かどうかが決定され，予算額が配分される．こうして組織と空間の組み合わせの中で階層と枝分かれのルートが決定される．ヒト・モノ・カネそして情報は，組織・施設・資金量そしてルールとなって順次社会の中に張り付いてゆく．

　この階層と枝分かれルートは，人間の処理能力や感情の不安定性や限界，関連する状況の不確実性，市場の大きさによって種々の相互作用の結果として合理的に決定される．いずれの場合も取引上の計算が合理的に行われているからか，支社・支店，出張所の階層は業種や企業規模を超えて似たりよったりとなる．階層と枝分かれによる社会における「分業の制度化」は，当然だが利用可能な移動や輸送に関連する技術水準や社会インフラの整備状況に依存する．北海道や東北は札幌と仙台，首都圏では横浜に支社や支店を置くというより東京都心に一括，中国や四国は広島と高松となる．また移動コストが社会インフラの向上で大幅に低下することにより，支社・支店の数は削減される．同様に，国際的に見たら東京か，北京か上海かの選別は，「市場の広さ」とともに市場への距離と，空と海のゲートの規模とICT化の水準，そしてサービスの効率水準に依存してくる．

　階層化は，「入れ子構造」という自己相似的なパターンをすることで地域的な「分業」が可能になり，地域間分業で生ずる調整のコストを削減できる．たとえば上位のランクの都市や地域は財サービスの供給先として，また，上位の都市や地域は比較的安価な居住先として下位のランクの都市や地域を2つ従えるとすれば，その下位のランクの都市や地域も同様に，そのまた下位のランクの都市や地域を2つずつ従える．そのまた下位のランクの都市や地域も，そのまた……，という単純な繰り返しが「入れ子構造」を形作る．この入れ子構造は，「中心地理論」で説明されるように上位ランクの都市や地域が下位ランクの都市や地域の機能を併せ持つこと

で，経済や問題意識の共有ができていることからさまざまな調整が比較的スムーズに可能となる．たとえば，東京都は23特別区全体を統轄した「政令市として機能する」ことで，27の都下の市に対する調整を「我が近傍」として仮定することで円滑化できる．この入れ子構造を説明する「中心地理論」に含まれる意味合いはそこにこそある．

さて，上位ランク都市や地域のさまざまな活動が「人口規模」に反映されるという常識からすれば，階層構造が自己相似（フラクタル）的なパターンを形成しているかどうかを検証することはそう難しいことではない．ここでは，全国を視野に入れた「入れ子構造」と全国9地域に分割した「入れ子構造」を異時間的に分析して地域間の構造変化を検証する．

「入れ子構造」の変化を実証的に検証するモデルは「順位規模法則」(Rank-Size Rule) である．この傾向法則は，古くはパレートの所得分布に関する研究によって導き出された「べき乗法則」に端を発し，順位統計量（ある順位尺度で配列し直した統計量）と順位との関係を両対数モデルで回帰することで検証される．

$$\text{Log}(k\text{番目の都市や地域人口より大きな人口の都市や地域数})$$
$$= \log(\text{最大都市や地域の人口}) + a\log(k\text{番目の都市や地域の人口規模}) \quad (10)$$

という式（1）のモデルをもとに回帰分析を実行する．推計された a（経済物理学ではパレート係数という）が統計的に有意に -1 の近傍にあり，それが -1 より小さいか，大きいかで都市や地域の階層構造の特性を推測する．なお，「入れ子構造」を内部に持つであろう都市や地域を分析対象とするため，ここでは2万人以上の人口規模を持つ市町村に限定したこの切断されたデータセット (truncated data set) を使う．ただし切断の行い方で，a の係数値は大きく変化する可能性が高いことは，多くの論文で指摘されているようにこの実証モデルの1つの限界といえる．この切断は都市としての成立条件などを考慮しながら行うことが必要だが，中心市街地の稠密

度がかろうじて観察される2万人以上の行政規模が1つの目安となろう．

　ここで実証分析を行う前に，合併によって都市や地域のマクロ的構造はどのように変化したかを確認したい．表1から合併に伴って市区町村数は3252から1750に半減したことが確認できる．次に構成比に着目すると，2万人以上の市区が増加したこと，最後に8万から16万人未満の都市の構成比が3倍にもなっていることは注目したい．「平成の大合併」は現実後追い的であるとか，単純に行政が半減したことで平均行政面積が倍になったことから行政サービスへのアクセスが不便になったという声も聞くが，自動車の普及や道路網の整備により，その不便さは二義的なものと考えてよい．それよりも，地域としての人口規模が地域としての自立性を高めるという一般的な傾向を合併によって現実的に確認できるようになったことをもっと評価すべきだろう．実証化のため表1ではランク1および2ランクの地域を対象にして分析から除外（切除）される．

表1　合併の伴う人口規模別の市区町村構成比

人口規模分類	都市規模分布 1980年	都市規模分布 2010年	構成比の変化
1.00　1万人未満	1504	482	
	46.2%	27.5%	59.6%
2.00　2万人未満	802	298	
	24.7%	17.0%	69.0%
3.00　4万人未満	421	309	
	12.9%	17.7%	136.4%
4.00　8万人未満	267	297	
	8.2%	17.0%	206.7%
5.00　16万人未満	118	194	
	3.6%	11.1%	305.5%
6.00　32万人未満	78	91	
	2.4%	5.2%	216.8%
7.00　32万人以上	62	79	
	1.9%	4.5%	236.8%
総市町村数	3252	1750	

まず，平成合併前のデータと合併後の市区町村を調整したデータで比較すると，両データともパレート係数は「経年的に低下している」ことがわかる．また合併後の市町村で遡って（長期的に比較が容易なように1980年に現在の市町村に合併されていたという仮定を用いて）調整したデータでも推計してみた．やはりパレート係数は－1を若干上回っているが経年的に一貫してその推計値は絶対値で低下している（表2）．日本全体ではマイナス1近傍となる．限りなく1.0に近付いていることの意味は，地域の人口規模によらず，「中立的に」どの規模においても，その人口変動は等確率で変動を繰り返すことになる．しかし他方で，パレート係数の低下は一部大都市や地域への人口集中傾向も暗示する．

表2 順位規模法則の実証結果（パレート係数）

年	合併前	合併後調整
1980	－1.103	－1.102
1985	－1.093	－1.091
1990	－1.085	－1.080
1995	－1.081	－1.075
2000	－1.077	－1.072
2005		－1.065
2010		－1.056

表2に見られるように2000年の合併前のデータセットと，合併後に遡及したデータセットのパレート係数を比較すると，合併後の係数値は合併前のデータセットよりもどの年も一様に絶対値で小さくなっている．

その意味をさらに時系列的変化という別の角度からも考えてみよう．パレート係数の低下は「大都市や地域への人口集中，しかも第1位の都市や地域への人口集中」を意味している．この傾向が顕在化してくるのはいつか．これは，ハーシュマン＝ハーフィンダール指数（HHIndex）を計算することによって，容易につかめる．5年おきに発表される国勢調査人口ではなくて，経年的に発表される住民基本台帳で集計された人口で検討する．

ハーシュマン＝ハーフィンダール指数は，

HHIndex
＝（データセットの分散／（データ数＊データセット平均値の2乗））＋
（1／データ数） (11)

で計算される．この指数は式（2）で示されているように，データ数変動の調整と人口の集中化傾向の反映が同時に計算できる．計算結果は日本のバブルがはじけ流動性が著しく低下するとともに，「均衡ある国土の発展」というグランドデザインの放棄により，大都市よりも地方の偏重を前提とした公共事業への予算の傾斜配分が低下しだす1998年頃から，人口集中傾向が加速したことを示している．まさしく「人口は職を求めて移動する」というヴァーノン仮説が成立したことになる（図1）．

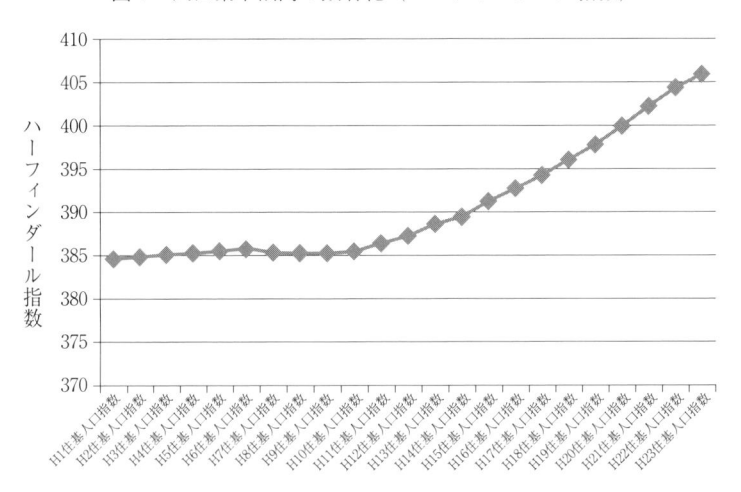

図1　人口集中傾向の顕著化（ハーフィンダール指数）

順位規模法則の1990年から2010年の時間的流れの中で，直線上に分布する長さから大規模ではなく，中小規模の都市の成長が着実に読み取れる．日本全体の望ましい方向性としてこの傾向は今後も継続してゆくべきでは

あるが，パレート係数の変化で示されているように限定された地域への人口集中が少子高齢化社会の流れの中で次第に顕著になりつつある．その意味でも，個々の地域が自立した経済と自己決定するに十分な人口を確保するためにローカルガバナンスの確立が望まれるところである（図2，図3）.

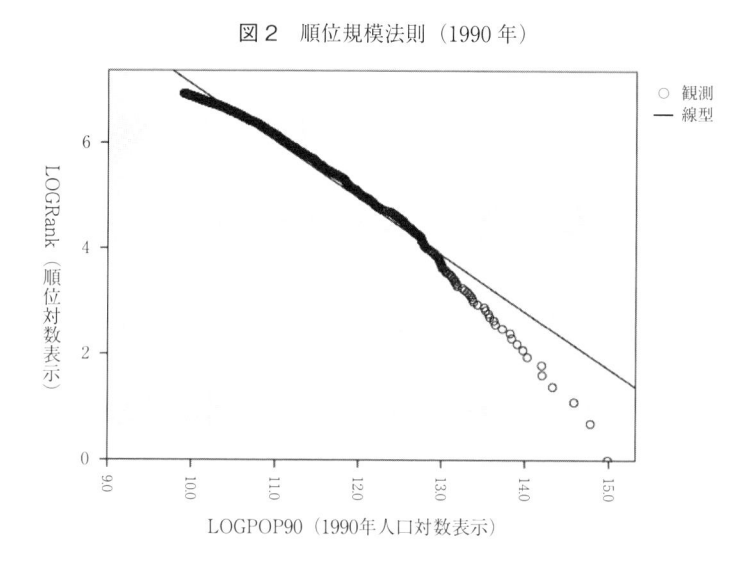

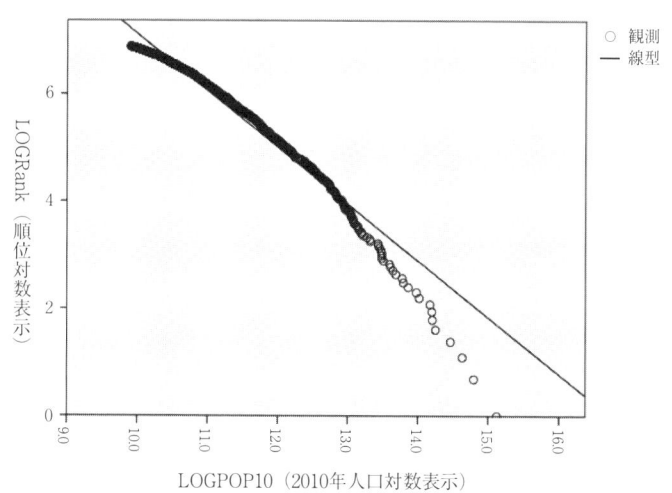

図2　順位規模法則（1990年）

図3　順位規模法則（2010年）

次に全国を9ブロックに分け1995年と2005年の国勢調査人口を22000人以上の都市や地域に限定して，人口規模を大きい順に並べ替えて，人口規模と順位との関係を推定してみる．全国9ブロックに分けた場合，傾きがマイナス0.8からマイナス1.2位のところにばらつく．しかし最大データ数の関東ブロックで見るとやはりマイナス1近辺である．このマイナス1の傾きから，第1位の人口規模の都市や地域が1つ，第2位の人口規模（第1位の規模の約半分）の都市や地域が2つ，第3位の人口規模（第1位の規模の約1/3）の都市や地域が3つといった「規則正しい」配列，つまり自己相似形のパターン（フラクタルパターン）が浮かび上がってくる．前述のようにこれは規模によって人口の変動が決まるというよりも，規模に「中立的」な変動を確率的に繰り返すと考えたほうがよい．つまり，ジブラの「比例効果の法則」（Law of Proportionate Effect）が成立する．フラクタルな構造を示唆する相似形の関係式が全国一本に拡大しても，北海道，近畿，中国を除いた各ブロックに分割してもどのブロックでも観察される（表3）．

表3　全国9ブロックでの順位規模法則

地域ブロック	合併前データセット		合併後データセット	
	国調人口1990年パレート係数	国調人口2000年パレート係数	国調人口2000年パレート係数	国調人口2010年パレート係数
北 海 道	− .920	− .899	− .899	− .863
東 北	− 1.132	− 1.130	− 1.132	− 1.146
関 東	− 1.014	− 1.011	− 1.018	− 1.001
北 陸	− 1.126	− 1.115	− 1.119	− 1.100
東 海	− 1.118	− 1.111	− 1.109	− 1.091
近 畿	− .957	− .960	− .960	− .959
中 国	− 1.007	− .986	− .987	− .971
四 国	− 1.115	− 1.104	− 1.100	− 1.083
九 州	− 1.183	− 1.179	− 1.173	− 1.155

この入れ子構造をブロックごとにさらに細かく見てゆく．パレート指数が−0.9の北海道は札幌への一極集中があまりにも強いことを示してい

る．東北の場合は分散型から仙台への集中傾向が出てきているが，大都市や地域とそれ以外の地方都市や地域との人口規模の開きが比較的小さい．東北の大都市仙台に一極集中するというより各県庁所在地の自立性が地理的条件もあり強いことを示している．ブロック最大の大都市や地域自身の吸引力が傑出した大都市がないことを意味している．北陸も大型合併を果たした新潟を中心に集中化傾向が少し出始めてはいるが東北とパレート係数が似ている．逆に東海の場合は静岡や浜松の政令都市や地域化を反映してから，突出した名古屋，静岡，浜松3年への人口流入と，合併効果が出ているといえる．関東ブロックの場合を取り上げる．マイナス1に安定しているのは，日本最大級の平板な関東平野という地理特性と，成功のチャンスと失敗のリスクがこの平野の大半の都市や地域では，人口規模に関係なく「数多くしかも等確率」に発生している結果かもしれない．

　人口集中，それと事業所の集中が過度に進むと，社会資本や都市や地域的サービスなどで混雑効果が発生し，経済的諸活動に対して機会費用と取引費用が着実に増大する．この種の負の外部性は当然のように居住者の満足水準も経済的負担も変化させる．都市や地域間の境界は，主として人口を基本要素とする階層の順序関係を維持しながら，機会費用と取引費用と人口規模が約束する期待収益との間のバランスで決定される．当然のことだが，機会費用も取引費用も期待収益も，その時々の技術条件や経済条件そして社会文化的条件に制約される．都市や地域の構造的特性に土地や環境などの地理的要因が深くかかわってくるため，社会的最適化を損ねる事態を市場に解決させることは期待できない．ここに何らかの公共政策が必要となる．

　人口減少時代だから，貴重な人口をめぐって都道府県レベルでも，市区町村レベルでも「取り合い競争」が本格化してくる．地域としてどのように期待収益を高め，機会費用や取引費用を削減してゆくのか．どの都市や地域レベルでも産業政策や都市や地域政策の巧拙が問われる時代がやってきた．

第2節　集積効果と一極集中

　地域は独自に「入れ子構造」を持った階層システムであると同時に，オープンシステムという本質を持つ．商流，物流，人流，情流が行きかう都市や地域に発生する期待収益は，規模の経済と多様性の経済の恩恵を受ける．規模の経済は，ある特定の財サービスを供給する産業に量的に特化することから生まれる．そこでは必要資材の融通のみでなく，特定の研究能力や技能を持った管理者や技術者を輩出しプールし，余裕をもって配分できる状況を確保した地域が必要とされる．こうして特定の分野の諸々の取引コストを削減させる．他方，多様性の経済は，知識や情報などを対象にする質の高い多様な財サービスの増加から生まれる．そこでは，対事業所サービスの顕著な増加が観測される．また，交通網や大学の集中立地など社会的インフラの整備によって，多種多様な活動やそれに伴って流通し蓄積されるノウハウや情報の移動，交流，進化が可能になる．また，R&Dなどに必要な人的資金的サポートをする金融機関やファンドが立地することも必要とされる．インフラの充実が多種多様な技能も含めて高度専門職の輩出，プール，配分するための諸々のコストを削減し，産業のフロンティアを拡充する．

　これら規模の経済と多様性の経済を「車の両輪」として十分な「集積効果」が発生するには，多種多様な人材を含んだ最低何万人規模の人口の厚みを必要とするのかが重要なテーマとなる．これは前述の順位規模法則の「切断」の決め方にも取り上げたところだ．地域はオープンシステムである．ヒト・モノ・カネは比較優位のある地域に向かって瞬時にあるいは徐々に流れだす．集積に関するひとつのマーケットソリューションが，「首都圏一極集中」である．この一見効率的な解は，予測不能なリスクに弱く，将来の人口増加も含め多様な機会や地域の持つ資源を他の地域から

不必要に奪い，疲弊させる効果も持つ．だから長期的に見ると日本全体としては望ましい結果とならない．集積効果は都市や地域を育み，産業と文化を創造するきっかけを作る．しかし産業と文化が根づき，持続的に発展するためには，マーケットソリューションだけでは社会的最適化はおぼつかない．マーケットは競争過程を通じて本来多様であるべき評価尺度を一元的に集約する性質を持つ．したがってマーケットソリューションは創造性や多様性と両立し得ない．地域の多様性と創造性のためには他のソリューションも必要である．

　サクセニアンは，スタンフォード大学のあるシリコンバレーと，ハーバード，MIT両大学のあるボストンルート128の企業文化（創造的人材と大学の関係，ライフスタイル）を対照的に描いて，現代のビジネスの勝者・敗者をえぐってみせた．たとえば，シリコンバレーではスーツより短パン，ワイシャツよりTシャツ，革靴よりスニーカー，研修会よりパーティ，秘密保持より情報公開，雇われるより起業などが地域に根づいている．地域としての価値創造はシリコンバレーに軍配があがる．古くはヒューレット・パッカード，インテル，サン・マイクロシステムズ，シスコ・システムズ，新しくはグーグル，そして今をときめくアップルが立地する．対してルート128は過去にビッグブルーと尊敬をもって語られ企業再生したIBMや今は亡きDECなど古色そう然とした企業群で彩られている．

　創造力と野心にあふれたたくさんの若者が，「ある朝目覚めたら，ミリオネアー」になる夢を見ることができ，その何人かの夢が実現できる土壌風土をどのように作るかが重要だ．「フラット化した世界」は国籍や人種によらない．むしろ異文化・異業種・学際に対して寛容な環境を用意する．その寛容さを求めて人材はいとも簡単に移動する．移動先の目安となるのが高度な研究が行われている大学とそれを支えるコミュニティ（日本では市区町村）だとリチャード・フロリダは説く．産学連携が時代の潮流となっている．たとえば東京スカイツリーには東京理科大学，千葉工業大学などがアミューズメント施設として出店し，それなりの集客効果を上げている．

再三指摘しているが「人口は職を求めて移動する」．移動の主力は若者である．ハードウエア，ソフトウエア双方の「ものづくり」の現状を作り替え，未来形を創造する若者の文化や行動スタイルに寛容な地域を誰がどうデザインするか，それをどう支えるか．この難しいソリューションはマーケットが用意するものではない．地域を主体として試行錯誤を繰り返し，地域の合意で作り上げてゆくものだ．アルバート・ハーシュマンが指摘するようにこのソリューションづくりに失敗したところから若者は去ってゆく．それも黙って．情報もアイディアも地域の未来も持ち去るこの沈黙の怖さを行政も地域リーダーもそろそろ認識しなければならない．

第3節　ものづくりの黄昏

　かつては「ガチャ万景気」を謳歌し，日本を「ものづくり大国」に引き上げる先導役であった繊維産業は見る影もなく凋落の一途を辿っている．他方で，先進国を席巻しようとしているZARA，ユニクロ，H&Mなどファストファッションは内資外資入り乱れて覇を競い合っている．多少の上下はあっても順調に業績は上がっている．この繊維関連産業における対照性を日本のものづくりの教訓として考えてみる．

　2006年調査による『事業所・企業統計調査』をもとに産業別の事業所数などの推移を辿ると，製造業や建設業などのモノづくりを代表する産業の衰微の姿が鮮明になる．事業所数は1981年調査をピークにして減少し加速化している．経営者と従業員を合算した従業者数も後を追うように94年調査をピークに減少に転じた．当然事業所の新設率と廃業率の差も開いてくる．2001年と06年調査の数字で比較すると，製造業の事業所数が卸小売業や建設業を超える水準で減少する姿が印象に映る．建設業はすでに公共投資の落ち込みを受けて軒並み業績不振にあえいでいる．商店街も空き店舗が増え郊外型ショッピングセンターに押される形で衰微し続

けている．製造業の場合，典型的な事例は地方にある繊維関連の産地であり，その関連工場の閉鎖が相次いでいる．「世界の工場」を目指す中国や東南アジアの製品に人件費などのコスト面で太刀打ちできないからだ．繊維は典型的な多段階商品である．川上から川下までの長い取引経路が存在する．その上，川上のテキスタイルと川下の流通大手に代表される寡占企業と，両サイドから「挟みうち」にされた川中の染色，縫製等の小規模零細の工場群に色分けされる．この川中産業の多くが産地を形成する．長い多段階の取引の中で事業所は割を食うところと，リスクを取らずに弱いところに押しつける優越的な地位を乱用しようとする企業に分かれる．この特殊日本的商慣行がなかなか改められずに，今日まで来た．それが産地を疲弊させ，投資を滞らせ，そして国際競争力をどんどんと下げた．投資に臆病になる「ホールドアップ問題」の典型例といって良い．しかし競争敗者と評価されて工場を閉鎖することは技術の継承に支障をきたす結果を生む．特定の優れた技能保持者の散逸と直接つながってゆくからだ．

　「ものづくり大国」の黄昏なのだろうか．日本がバブルの絶頂期を迎えていた1980年代の終わりにピッツバーグで見た光景が忘れられない．日本との競争に敗れ，市場撤退を余儀なくされたために鉄さびがこびりついた製鉄工場がまちを流れる川のたもとに解体もされずに打ち捨てられていた．おそらく解体する費用も捻出できなかったのだ．かつては「鉄のまち」として栄え，米大陸の鉄道結節点でもあったピッツバーグのなれの果てを象徴する光景だ．米国が「ものづくり大国」の地位を放棄してから久しい．部品調達や物流戦略も含めて国際的な垂直分業と水平分業のベストミックスが「グローバル競争の覇者」を作ってゆく．経済先進国と新興国のテクノロジーの差は年々縮小し「フラット化した世界」が現出した現在，GMの破綻，一次国有化をせざるを得なかったに代表される「ものづくり産業」の衰退が，やがて金融資本主義をはびこらせ，その頂点で迎えたリーマンショックにつながっていないと誰が断言できるだろうか．

　サッチャー・レーガン時代は反ケインズあるいは「小さな政府」万歳

だった．ところで先進国の経済でも，財サービスが市場で取引されるのは全体の三分の一で，あとは企業系列内とか，コミュニティ内，家庭内で取引されるという研究もある．

　市場は受給が著しくバランスを欠き，競争が阻害される場合にはとてももろいし，暴走する．小麦不作の噂を故意に流し，小麦の投機に走って暴利を貪ろうとする為政者や，寄り合いの席でいつも商品の値上げの陰謀を企む経営者の事例は，自由放任主義の教祖チュルゴーや経済学の祖アダム・スミスによって指摘されていた．電子取引で瞬時に世界規模の市場（マーケット）決済が行われる現代でも同じ．談合・陰謀・秘匿・詐欺といったモラルを欠く行為が後を絶たないからだ．「公正な取引」は時代を超えた課題だ．

　ところで下請法違反行為に対する勧告は年々増加している．大半が卸・小売業者や生協が勧告の対象である．とくにPB商品の製造委託取引が下請法の適用を受けるものであることが十分に流通業界では浸透していない．年に実質可処分所得が1％ずつ下がり，消費支出も0.9％ずつ下がる上に，人口減少と高齢化で国内市場の「縮み方」は尋常ではない．経営はその余波を直接受ける．大手流通業を中心に利益確保の有力手段として，PB商品の開発と販売に目を向けることは至極当然といえる．「縮む国内市場」は各社のシェア競争を激化させる．取引条件を決め，社員の士気に影響を与えるから，シェアの確保は企業の存続も左右する至上命題だ．そのためには価格競争も辞さない．と同時に価格競争で低下する粗利益確保のためにコストの中抜きも合理性を持ちうる．こうしてPB商品の開発が進む．厳しい経済環境はどの企業にも共通．だから，PB商品をめぐる競争は当然のように激化する．こうしてバイイングパワーを持つ企業による取引先に対する優越的地位の濫用の下地ができ上がる．

　優越的地位の濫用で最も多いのが不当な返品だ．契約書なき取引のために泣き寝入り，売れ残りの引き取りなどがこれにあたる．不当な値引きと役務の要請がこれに続く．要請を拒んだら，将来の取引に際して不利な取

扱いを覚悟しなければならない．また，手形の決済が何ヶ月もかかるとか，見本の製作費用さえも下請け持ちなどといった例もある．企業倫理について検討すべき課題が多い．

　優越的地位にある企業は取引先に犠牲を強いることで，競争力を維持することができるだろうか．しかし優越な地位を利用する不当な取引の継続は，長期には取引する双方にとって必ずしもプラスにならない．グローバル競争や将来が不確実な時代だからこそ，産業の振興のためには取引にあたって双方が互恵的関係を保持しなければならない．そのためには，優越的地位にある企業には，取引相手が長期的な効率を達成できるような誘引を与える仕組みづくりが義務となる．不当な取引の乱用は，そのような投資機会を取引相手から奪い，長期的な効率を目指す誘引が十分に働かなくなる．相手側の優越的地位の濫用で，取引先を信用して行う投資が回収されない可能性が増すからだ．いわゆるホールドアップ問題が生じる．こうして取引相手の長期的な効率が損なわれ，優越的地位にある企業の競争力にも評判にも徐々にマイナスの影響を与える．長期的なパフォーマンスは，投資誘引が十分に工夫されているかどうかに依存する．繊維産業の下請けが集まる産地で，事業所が軒並み廃業や企業縮小に見舞われ，国内空洞化が急速に進んでいる．これは繊維産業だけの現象だろうか．この負のスパイラルを断ち切るために必要なのは，競争よりも取引の場におけるモラルなのだ．

第4節　首都圏一極集中の是正の必要性

　「人口は職を求めて移動する」という超合理的な行動パターンが個々人にあるいは世帯に適用可能なのは，ひとえに地域がオープンシステムであることに由来する．それも現在から将来のタイムスパンを考慮した未来志向型の行動パターンを個人も世帯も選択している．もちろん超合理的行動

であるとは，将来への期待とリスクが選択の重要な材料であることを意味している．と同時に移動に伴う各種のコストも計算の対象となる．諸々の移動コストを支払える個人や世帯のみがこの超合理的な行動を選択できる．現在すでに首都圏に向けて地方からの人口流出の圧力が減少しつつあることが指摘されている．これは少子化が1つの重要な原因と考えることもできるが，進学や就職の諸費用負担が重荷であることにも注意を向けなければならない．かといって，地域に若年労働者の雇用先が十分であるわけではない．労働市場のミスマッチで全国各地で余剰労働力がいたずらにプールされているが，これは「地方経済力の衰退」によって，多くの地域で首都圏への押し出し圧力の低下と，大都市や地域での雇用吸収力の減退を物語っている．地域経済力の立て直しのための財政立て直しのスキームづくりを早急に立てるべきだ．1つは縦割り行政の弊害をそのまま引きずる使い勝手の悪い各種補助金制度の見直し，税源の地方移譲を含めた地方税制の抜本的な立て直しが求められる．もう1つは地域で十分に資金が循環するための地域経済の立て直しである．

図4 婚姻率と出生率のねじれ

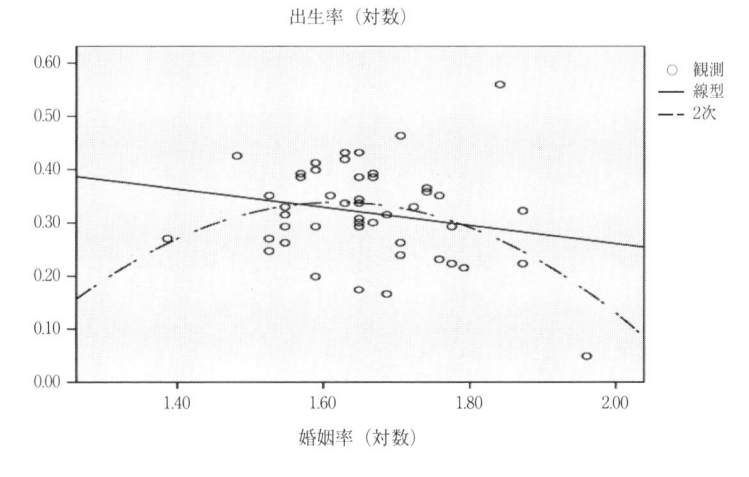

首都圏の子育て環境が一向に改善しない現在，若者の東京一極集中は人口減少を加速化する恐れがある．それは首都圏の婚姻率の高さが出生率上昇に何ら寄与していないからだ．この現状は人口減少傾向を加速化する（図4）．

　この状況を改善するには，東京への若者人口の吸収よりも移動コストが低く，地域活性化に向けて若者をより多く投入でき，彼らの購買力を活用できる「若者定着化」を各地域で図ることだ．首都圏以外の地域が単独で，あるいは距離の関連でいえば近接する地域間で連携してもっと進めることが課題となる．そのためには，「職の創設と拡充」に向けて活動するソーシャルビジネスやコミュニティビジネスに，中央地方政府ともにもっと直接財政支援を行うことが必要だ．それには社会インフラもそろい，人口密度も高い中心市街地が活性化することだ．これは地域の魅力確保のためにも，生活の利便性にも直結する喫緊の課題である．魅力確保のための商業振興は，商店街への直接支援策の目的や効果の点で，商店街の機能衰退や高齢化，後継者不足等からすでに限界に達している．地域商業振興のためには，迂回的な感じさえするが，地域の産業力をつけ職を提供する機会を作り出せれば，人口吸収力も向上し平均所得の増加によって，地域の購買力を高める．事業所の誘致や創出によって地域の雇用力をつけることがより有効であることがわかってきつつある．一向に育児・教育のコスト低下が進まない東京は「人口のブラックホール」とさえいえる．くり返すが首都圏も含めて東京への人口一極集中は，人口再生産の効率を低下させる要因になっているので，日本全体の人口減少を一層加速化させる．と同時に，持続的地域環境の確立をめざす点からも日本の人口構造の点からも早急に改善すべき課題である．

　これから地域活性化の政策体系はかつての均質的地域の拡散を目指した全国総合計画などの「定住圏構想」とは一線を画すべきだ．従来の縦割り行政が国から，都道府県そして市区町村まで浸透し，まさに総合的な行政が「絵に描いた餅」でしかなかったことを深く反省し，かつ霞が関や永田

町からのトップダウン式ではなく，都道府県や市区町村からのボトムアップ型の構想や社会的決定方式から出発したものでなければならない．この試みの良し悪しは「職を求めて移動する」情報武装した超合理的な個人や世帯によって評価される．地域はオープンシステムであると同時に，競争的な存在でなければならない．選択の自由を制約するだけの縦割り主義と画一行政による金太郎飴型のまちづくりから早急に脱却しなければ，地域にとっては言うに及ばず，日本全体の明日は永遠に来ないと考えるべきだ．

第5節　多種多様な実力型都市や地域の創造

「人口は職を求めて移動する」という行動は，ティボーによる「有権者の足による投票」と言い換えることもできる．だから合理的意思決定者である住民の投票に耐えうる，実力型都市や地域が全国に複数配置できるような地域政策が必要である．単に県庁所在地があるから問題はないと済ませられる段階にはない．人口減少時代の到来で，県庁所在地であろうと地域の人口をつなぎとめておく実力が減退した都市や地域が出現している．都市や地域は多様性と，その多様性のある者同士の効果的連携が，個人や世帯の社会的満足度を向上させる基盤となる．選択の自由度の保証と移動コストの低減化を考慮した上で，個人や世帯の超合理的行動を社会的最適化に向けて誘導してくれるグランドデザインが必要だ．「均衡ある国土の発展」という往時のグランドデザインは，全国画一的なナショナルミニマムの達成に優先順位を絞って実現の可能性を探った．このナショナルミニマムは一応達成されたが，その過程で「財政バラマキ」あるいは利益誘導型政治を温存させた．ナショナルミニマム達成以外に明確な国家戦略が欠如していたからだ．とくにグローバル競争時代の本格化を見据えて，グランドデザインをどう作りこむべきかの視点が全く欠如していた．それがハブ空港やハブ港を国主導で実現できず国際競争力を低下させるに任せた一

因でもあった．全国津々浦々への小口のバラマキも財政に余裕の見られた時代にはある程度許された．しかし国家も地方も財政が逼迫している現在，国家も地方のそれぞれメリハリを付けた一方的依存を認めない「政府間関係」を構築すべき段階に来ている．つまり「朝三暮四」の故事にあるような国（猿公）と地方（猿）との間で，均等で小さな権益と補助で地方を黙らせる「政治算術」を繰り返す時代ではない．中央指導というより，むしろ地域の多様性に根ざした権限責任を表裏一体にした自律型の経済活性化を促す，新たな政策が必要である．そのためには，地域の実情に合わせた徹底的な規制改革や誘導政策が必要とされる．すでに構造改革特区制度という，極めてユニークで成功を収めた政策イノベーションを我々は手にしている．その一環として国の支分部局の地方移管も時と場合によっては視野に入れるべきだろう．

またナショナルミニマムの「かさ上げ」も，時代の趨勢に従って図らなければならない．その代表例が初等中等教育ではないだろうか．公教育のあり方が議論を呼んでいる．大都市や地域を中心として公教育が私学教育に比較して安かろう悪かろうの「劣等財」化しているという指摘がなされて久しい．これがひいてはブルデューの言う「不平等の再生産」，社会階層間の流動性の低下を生む温床となる．これは社会的きずなを破壊する主要な原因ともなるため由々しき問題である．国際競争力の点からも放置できない問題であると同時に，地域の独自性や創造力に対しても深い影を投げかける可能性が高い．初等中等教育に関するナショナルミニマムの「かさ上げ」を喫緊の課題としてあげたい．

また，地域活性化には「モノづくり」系事業の開業率の向上に向けて支援策も重要である．とくに国際競争力を視野において，研究開発型事業所の誘致や創設に重点を移していかなければならない．これには企業の研究開発を支える技術力やモノづくりのノウハウを持つ大学の理工系部門や中小零細の高い技術力に裏打ちされた「マチ工場」の存在も重要だ．これらが有機的に結びついた産業クラスター政策で「モノづくり」系事業は息づ

いてくる．学術などの専門知の創造と普及のためには大学を基盤とした高等教育での人材づくり，技能の伝承のための訓練と指導による後継者づくりが必要だ．そのためには「親や個人の負担」ではなく，国や地域の公的負担で可能になる環境づくりが課題となる．これは少子化に歯止めをかける一助にもなる．それには従来の縦割りを前提とした行政支援ではなく，各省間の連携による支援が前提となるべきだ．多種多様な実力型都市や地域を作るためには，各省の権限や規制の見直しやあるいは撤廃も視野に入れた規制改革も含め，土地利用や交通インフラの抜本的な整備体制の構築も必要となる．

また，地域は自律的な発展のための土壌づくりを「自前」で用意しなければ，地域主権は絵に描いた餅になる．「金がない，人がいない」と嘆く前に，知恵とアイディアを出し，汗をかき，他所から注目されるための地元の自助自立の努力が必要だ．どこかに知恵とアイディアがないか，誰か汗をかいてくれないかといった他力本願の姿勢を繰り返すことは時間の無駄というもの．それを繰り返してきたところに，今の地域の惨状があることに早く気づくべきだ．

戦後の発展型中央集権モデルは高度経済成長を作り，日本を経済大国にのし上げた．しかしその成功モデルも制度疲労を起こし，時代的閉塞感を国民に与えている．まだ国力が本格的に衰えだしているわけではないのだから，今のうちに新しいグランドデザインとそれを実現する国家戦略モデルを作成しなければならない．「均衡ある国土の発展」は霞が関・永田町作成の発展型中央集権モデルを前提とした．とすれば，それに変わるグランドデザインと国家戦略モデルはどうあるべきかを究明ためには，さまざまな地域においてさまざまな選択肢とその効力を測るための多様で弾力的な試行錯誤が必要である．なぜなら新たな社会を生み出す社会的イノベーションは，全国各地における試行錯誤の過程から生まれる可能性が高いからだ．その試行錯誤に高尚も低俗もない．マスとしての多様性が重要であり，そこから進化・創造の過程が開始される．その試行錯誤に対する地域

の寛容性も重要な条件となる．地域に存在する知識やノウハウがその価値とその効力を真に発揮するには，それを保持する創造的な人々の意思が尊重される環境を欲するからだ．

　また試行錯誤の質を高める戦略が，社会的イノベーションの生まれる時間と費用を節約する．試行錯誤の質を高めるためには，さまざまなアイデアや試行の創発と評価と普及の社会基盤の整備が必要である．たとえば，社会的イノベーションの1つともいえるNPOやNGOの結成や成果が短期間に生まれるには，コミュニケーション費用を大幅に低下させたインターネットの普及があった．少子高齢社会の質的水準を支えるのは，高度情報通信システムと商店街や大手小売業，そして医療機関や教育機関といったライフサポートビジネスとの連携強化だろう．社会的イノベーションは技術的イノベーションに支えられる面が強い．と同時に，社会的イノベーションのアイディアが技術的イノベーションを後押しする場合もある．「情報通信時代」ともいえる今日，パソコンの機能は計算機能から，通信機能へ，そして映像娯楽機能へとその機能を大幅に拡大し小型化をくり返すことで高度化してきたが，それは社会的ニーズに後押しされたものだ．双方のイノベーションの質と量を決定づけるのは，高等教育のあり方といえる．人材育成，人材交流を中心に大学院レベルの高等教育への国家的投資をもっと増大する必要がある．

おわりに

　地域の活性化は，社会的イノベーションによって可能になる．多種多様な地域に存在する多種多様なニーズやシーズをどう結びつけ，その上で新しいビジネスチャンスをどう構築するか．このリアルな活動は，パソコン画面や大型スクリーンで展開されるデジタルコンテンツで満たされた「仮想空間」上のコミュニケーションで完結するものではない．顔と顔を付き

合わせた実空間でのコミュニケーションがむしろ重要となる．だから，移動時間最小化からアイディアや資本をすべて東京に集積させればよいとの極論もある．しかし，そのことで多様性が失われる可能性も否定できない．それはノーベル賞経済学者のハイエクの言うように，情報やアイディアには時と場所の要素が，多様な人々の多様なつながり方を通じて複雑に絡まるからだ．日本中の多種多様な空間が自己主張，自立することで，アイディアや生活パターンの多様化が保証されることを再確認すべきだろう．都会と田舎，中央と地方がそれぞれ主張し合う中から多様で豊穣な社会的イノベーションが構築される．あるいは多様性の高いパフォーマンスを打ち立てるための広域連携や産官学連携も当然視野に置くべきだ．まさに東京一極集中はその逆の動きである．この流れを変えることは，国であろうと簡単にできはしない．「人口は職や未来を求めて移動する」．この流れは超合理的な個人や世帯が決定する．とすれば，この流れを変えるのはやはり超合理的な個人や世帯自身である．彼らが自らの現在と将来をかけて東京以外の多種多様な地域選択する素地を，地方が国の政策に依存するのではなく「自前で」作れるかどうかにかかっている．地域単位の国際交流や産官学連携の促進がその一助となる可能性は高い．新しいツーリズムの開発や人材交流を通じて，地域資源への再評価や再発見のきっかけができる．それによって，人の流れが変わってくる可能性は高い．現に社会的イノベーションや新しいライフスタイルを求めて，大都市や地域から地方へのIターン，Jターンの息吹も感じられる．その持続可能性を支える支援策こそが必要とされている．

参 考 文 献

青山英明　他（2007）『パレート・ファームズ』日本経済評論社

クリステンセン，C.（2001）『イノベーションのジレンマ』（玉田俊平太監訳）翔泳社

国立社会保障・人口問題研究所 編（2008）『日本の市区町村別将来推計人口』総務省

サクセニアン，A.(2011)『現代の二都物語』(山形浩生他訳) 日経 BP 社
サットン，J.(2007)『経済の法則とは何か』(酒井泰弘監訳) 麗澤大学出版会
ジェイコブズ，J.(2010)『アメリカ大都市・地域の死と生』(山形浩生訳) 鹿島出版会
ジェイコブズ，J.(2011)『都市・地域の原理』(中江利忠他訳) 鹿島出版会
ナン・リン(2008)『ソーシャル・キャピタル』(筒井淳也他訳) ミネルヴァ書房
ハイエク，F.(1986)『市場・知識・自由』(田中真晴他訳) ミネルヴァ書房
ハーシュマン，A.(2005)『離脱・発言・忠誠』(矢野修一訳) ミネルヴァ書房
パットナム，R.(2006)『孤独なボーリング』(柴内康文訳) 柏書房
ブリュデュー，P.，パスロン，J = C.(1991)『再生産』(宮島喬訳) 藤原書店
フロリダ，R.(2008)『クリエイティブ資本論』(井口典夫訳) ダイヤモンド社
細野助博(1995)『現代社会の政策分析』勁草書房
細野助博(2000)『スマートコミュニティ』中央大学出版部
細野助博(2005)『政策統計 —公共政策の分析ツール—』中央大学出版部
細野助博(2007)『中心市街地の成功方程式』時事通信社
細野助博(2010)『コミュニティの政策デザイン』中央大学出版部
細野助博(2011)「都市・地域の活力こそ成長のエンジン」『日本経済新聞』2月1日朝刊「経済教室」
ワッツ，D.(2004)『スモールワールド・ネットワーク』(辻竜平他訳) 阪急コミュニケーションズ
Anas, A., and K .A .Small (1988) "Urban Spatial Structure."
 Journal of Economic Literature, Vol.34 1426-1464
Batty, M. and P. Longley (1994) *Fractal Cities*. Academic Press
Benabou, R. (1993) "Workings of a City: Location, Education, and Production"
 The Quarterly Journal of Economics, Vol.108:2 619-652
Brakman, S. ,H. Garretsen, C. Van Marrewijk, and M. von den Berg (1999) "The return of Ziph: Towards a Further Understanding of the Rank-Size Distribution"
 Journal of Regional Science, Vol.39:1 183-213
Dumais, G, G. Ellison,and E. L. Glaeser (2002) "Geographic Concentration as a Dynamic Process."
 The Review of Economics and Statistics, Vol84:2 193-320
Eaton, J. and Z. Eckstein (1997) "Cities and Growth ; Theory and Evidence from France and Japan,"
 Regional Science and Urban Economics, Vol.27 443-474
Eeckhout, J. (2004) "Gibrat's Law for (All) Cities"
 American Economic Review, Vol.94:5 1429-1451
Ellison, G. and E. L .Greaser (1999) "The Geographic Concentration of Industry:

Does Natural Advantage Explain Agglomeration?"
American Economic Review, Vol.89:2 311-327

Gabaix, X., (1999) "Ziph's Law for Cities: An Explanation"
The Quarterly Journal of Economics, Vol.114 : 3739-767

Gabaix, X., (1999) "Zipf's Law and the Growth of Cities"
American Economic Review, Vol.89:2 129-132

Gleaser, E. L and J. D. Gottlieb. (2009) "The Wealth of Cities: Agglomeration Economies and Spatial Equilibrium in the United States."
Journal of Economic Literature, Vol.47:4 983-1028

Gleaser, E. L. (1998) "Are Cities Dying?"
Journal of Economic Perspectives, Vol.12:2 139-160

Gleaser, E. L., H. D. Kallal, J. A. Scheinkman, and A. Schleifer (1992) "Growth in Cities"
Journal of Political Economy, Vol.100:6 1126-1152

Gleaser, E. L. (2011) *Triumph of the Cities*, Penguin Book

Henderson, V. A. Kuncoro, and M. Tuner (1995) "Industrial development in Cities"
Journal of Political Economy, Vol.103:5 1067-1090

Krugman, P. (1991) "Increasing Returns and Economic Geography."
Journal of Political Economy, Vol.99:3 483-499

Krugman, P. (1988) "Space: The Final Frontier"
Journal of Economic Perspectives, Vol.12:2 161-174

Mandelbrot, B.B. (1997) *Fractals and Scaling in Finance* Springer

Murphy, K. M., A. Schleifer, and R. W. Vishny (1989) "Industrialization and the Big Push."
Journal of Political Economy, Vol.97:5 1003-1026

Persky, J. (1992) "Pareto's Law"
Journal Economic Perspectives, Vol.6:2 181-192

Quigley, J. M (1998) "Urban Diversity and Economic Growth"
Journal of Economic Perspectives, Vol.12:2 127-138

Romer, P. M. (1986) "Increasing Returns and Long-Run Growth."
Journal of Political Economy, Vol.94:5 1002-1037

Romer, T. and H. Rosenthal (1978) "Political Resource Allocation, Controlled Agendas,and the Status Quo."
Public Choice, Vol.33:1 27-43

Rosenthal, S. S. and W. C. Strange (2001) "The Determinants of Agglomeration"
Journal of Urban Economics, Vol.50 191-229

Salop, S (1979) "Monopolistic Competition with Outside Goods."
Bell Journal of Economics, Vol.10 141-156

Strange, W., W. Hejazi, and J. Tang (2006) "The Uncertain City: Competitive Instability, Skills, Innovation and the Strategy of Agglomeration."
Journal of Urban Economics, Vol.59 331-351
Sutton, John. (1997) "Gibrat's Legacy"
Journal of Economic Literature, Vol.35:1 40-59
Yang, X. and J. Borland (1991) "A Microeconomic Mechanism for Economic Growth."
Journal of Political Economy, Vol.99:3 460-482

第3章

ローカルガバナンスを支える条件

細野助博

はじめに

　経済成長を支える要因，あるいはエンジンは多様だが，それを空間として支える最大のものが都市や地域である．都市や地域は地域経済の主役であり，その状況を的確に示す．農産物や新たな住宅地を供給する周辺地域は脇役でしかない．こうした考え方は，立地論の始祖である19世紀ドイツの経済地理学者フォン・チューネン以来の伝統といってよい．

　ところが日本では，人口減少と高齢化の進展で，大半の都市や地域が各自の地域経済を牽引し活性化する活力を失いつつある．アジアをはじめ好調な新興国経済の恩恵をもってしても，日本のマクロ経済が成長軌道になかなか乗らないのは，地方都市や地域の活力低下も原因である．しかし，一般的にその認識があまりないことが自治体から政府への要求内容からして推測される．一国の経済成長をマクロ経済モデルで検討することも重要だが，地域主権が唱えられつつある現在，それを支える地域固有の成長メカニズムを実証的に把握する意味は大きい．本章では，都市や地域の規模や地域ブロックごとの違いに注目し，成長の促進要因を全国の市区町村データによって検討する．

　ここでは少子高齢社会の本格化とともに必要とされる「日本型コンパクトシティ」をまちづくりの基本的デザインとして採用することの意味と妥

当性に言及する．人口密度の上昇を通じて，都市や地域の創造性と多様性を育む重要なきっかけ作りになることを実証的に示す．ただし人口規模によって必ずしも保証されない「ミッシングリンク」が存在し，それをどう克服するかが政策課題になることを指摘する．そのためにこそ，ローカルガバナンスが必要であること，あるいはこの課題克服無しにローカルガバナンスの存在条件は成立し得ないことを示す．

第1節　まちづくりデザインの考え方

　地域は階層を持ったオープンシステムである．商流，物流，人流，情流が行きかう都市や地域に発生する期待収益は，規模の経済と多様性の経済の恩恵を受ける．すなわち「集積の経済」が発生する．前述したように規模の経済は，ある特定の財サービスを供給する産業に量的に特化することから生まれる．そこでは必要資材の融通のみでなく，特定の研究能力や技能を持った管理者や技術者を輩出しプールし，余裕をもって配分できる．こうして特定の分野の交渉や取引や配分上の諸々のコストを削減する．他方，多様性の経済は，知識や情報などを対象にする質の高い多様な財サービスの増加から生まれる．そこでは，対事業所サービスの顕著な増加が観測される．また，交通網や大学の集中立地など社会的インフラの整備によって，多種多様な活動の移動，交流，進化が可能になる．インフラの充実が多種多様な技能も含めて高度専門職の輩出，プール，配分するための諸々のコストを削減し，産業のフロンティアを拡充する．

　規模の経済と多様性の経済を「車の両輪」として「集積の経済」が発生するには，多種多様な人材を含んだ最低でも15万人規模以上の人口の厚みを必要とする．とすれば日本では，首都圏を除けば9ブロックごとに20前後ということになろう．ところで，地域はオープンシステムだ．ヒト・モノ・カネは比較優位のある地域に向かって瞬時にあるいは徐々に流

れだす．この集積のマーケットソリューションこそが，「首都圏一極集中」であることは既に述べた．この一見効率的な解は，予測不能なリスクに弱く，人口増加も含め多様な機会を他の地域から不必要に奪い，疲弊させる．だから長期的に見ると日本全体としては望ましい結果とならない．人や事業所の集積は都市や地域を育み，産業と文化を創造するきっかけを作る．しかし産業と文化が根づき，発展するためには，政策抜きのマーケットソリューションだけでは不十分だ．前述したようにマーケットは本来多様であるべき評価尺度を競争過程の中で一元的に集約する．これでは創造性や多様性と両立し得ない．都市や地域も他のソリューションを必要としている．

そのためにも，人口減少時代のまちづくりを支える都市や地域デザインが求められている．その線に沿って110の市の121計画が改正中心市街地活性化法の認定を受け活動している（平成24年11月現在）．最初に認定された青森市と富山市をはじめ，全国の基本計画に共通するまちづくりの基本コンセプトは共通の問題意識による「コンパクトシティ」である．賑わいが中心市街地の商店街に戻って来る事業，歩行を中心にまちなかで安心して暮らせる事業，そして地域特有の歴史伝統，街並みといった有形無形の地域資産を活用しながら観光収益を上げてゆく事業などが展開されている．先頭を切った青森は財政逼迫で非生産的な除雪費用を削減する，高齢者のまちなか居住を推進する，郊外型SCから消費者を取り戻すための「一店逸品運動」などで中心市街地の商店街の活性化に取り組んでいる．富山の場合は，中心市街地をLRT（軽量低床軌道交通）によって可視化した点に特徴がある．往時に郊外に開発を積極的に展開したため，人口密度が著しく低下した中心市街地に再び人口を呼び込む，と同時に利便性を向上させるために大型店舗を核に買い回り中心の商店街の活性化を狙う．しかし，その狙いが必ずしも実現していないところにこの活性化事業のもどかしさがある．年々人口密度が低くなる地方の現状では，車などの移動手段の使い分けが日常生活において必要になってきている．「車に依存の現状」を無視した上での「まちのコンパクト化」一辺倒で，最寄りに店舗が存在

しない地域や生鮮三品なしの買い回り中心商店街は郊外 SC からどうやって客を取り戻すのだろうか．5 万人未満の地方小都市や地域と広域商圏を必要とする 30 万人以上の大都市地域で方向性の再検討が必要なのだ．平成 21 年度に内閣府が行った 54 の市 55 (北九州市は 2 つ) の基本計画のフォローアップに関する状況報告で，中心市街地活性化基本計画策定後に改善しているという回答が多かった目標項目は「施設入込数」と「公共交通機関の利用」の 2 項目，そして悪化しているという回答の多かった項目は「通行量」「小売販売額」「空き店舗」の 3 項目，回答が二分している項目は「居住人口」である．各地が活性化事業を活発に展開しているが，トータルでの成績はあまり芳しくはない．高齢化の進展で車に依存しない生活スタイルが定着してきたが，都市や地域をトータルでとらえる視点が欠落し，相変わらずハード中心のまちづくりが行われている．だから働き，学び，衣食住の快適性が保証され新しいビジネスチャンスが生れる日本型コンパクトシティを，現代という文脈の中でどうとらえ直すかが問われている．

第 2 節　コンパクトシティの古典的考え方

　米国の数学者 J・ダンツィヒと T・サーティの 2 人は，当時先端だった最適化手法を都市や地域の混雑とスプロール (無秩序な郊外開発) の解決に応用した．1973 年，その研究の成果を『コンパクトシティ』というあとがきを入れて 230 ページ程度の薄さだが，斬新なアイディア満載の本にまとめた．極めて理路整然としいかにも数学者による都市問題解決の提案がそこに描かれている．ニュータウンを構想したハワードやル・コルビジェの無機質的都市デザインよりも，ジェーン・ジェイコブズの観察に基づいた都市や地域評論を手掛かりにした彼らの慧眼に脱帽する．

　平面的都市より立体的都市のほうが移動時間も短縮される (空間の原理)，時間を眠少しずつずらした活動パターンを工夫することで混雑も緩和され

る（時間の原理）という2つの原理をもとに，最適な人口数25万人と直径約2.7キロ，高さ73メートル規模の円錐台の形をした都市（コンパクトシティ）を計算で割り出した．そこには「歩車道分離」を原則にした，家から職場まで歩き（水平移動）の合計14分，待ち時間を最小化するエレベーター（垂直移動）に1分の合計15分の通勤時間という文字通り職住近接で，しかも家から学校や商店街までの移動距離が10分という「夢の世界」が広がる．

　彼らの構想の根底に，車依存が都市や地域のスプロールを拡大する負の連鎖に対する危機感があった．郊外の新興住宅地ではパン一袋買いにショッピングセンターまで平均3.2キロの移動が必要である．1968年当時の米国ではベトナム戦争戦死者が年間約1万5000人，対して自動車事故死年間5万人以上と彼らは憤る．車を「悪魔の贈り物」（法学者G・カラブレジ）と呼べるコストの高い便利さに依存した現実がある．米国の都市デザインが空間的にも環境的にも成長管理が必要とされながら，現在でもなかなかそれが進まない．都心空洞化とエッジシティ（郊外核都市や地域）林立で，老若男女ともに否応なく自動車依存となっている米国の現状がそこにはある．

　人口も右肩上がりの1960から70時代にかけて立案執行された事業所，宅地，公共施設の郊外化は，40年たった現在，人口減少，財政逼迫の時代に入り生活コスト，行政コストの増加となって跳ね返った．人口減少時代が到来し郊外社会の衰退が中心市街地の復権へと一挙につながるほど現実は単純でもない．グローバル経済での生き残りをかける企業にとって海外進出と国内事業所の統廃合は避けて通れない．共働きが当たり前になりライフスタイルも変化し，郊外の住宅地も高齢化の波が押し寄せている．小中学校の統廃合や限界集落の発生は中山間地の専売特許ではなくなりつつある．抜本的解決策もないまま自動車依存の生活コストは着実に家計を圧迫しつつある．

　土地利用に占める道路比率の増加は，交通流量の変化ばかりでなくまち

の構造までも劇的に変えてきた．中心市街地と郊外の優位性は逆転し，まちとしての魅力を壊滅に近い状態にまで低下させた．これは数々の手厚い保護政策を前提とした郊外農地が，いつのまにか大規模駐車場を並置するショッピングセンター（SC）の有望な種地に転用されていったことと無関係ではない．しかし郊外を中心に雨後のタケノコのように林立し，日本列島を席巻したSCにもはや往時の勢いはない．大規模SCの郊外展開はバブル崩壊後の1995年代後半に始まったが，事業的にはSCの日本での本格化は米国よりも10年遅かったといえる．すでに2007年にSC新設数はピークを迎えた．郊外を中心に進む人口減少がオーバーストア状態を加速化し，これからスクラップの荒波が押し寄せてくる．その反動でシャッター通り化した中心市街地は生気を吹き返すだろうか．一度破壊された緑の大地や環境は元に戻るだろうか．

　都市や地域の本質はオープンシステムであるからヒト・モノ・カネ・情報は「魅力」を求めて移動を繰り返す．「人は職を求めて移動する」というヴァーノンの仮説は古典的例示でもある．「成功」を手にする可能性は，地域が用意する魅力を与件として，タイミングと気力・体力と経済力そして将来が用意する未知のリスクに左右される．年齢とともに個人の肉体的心理的特性が絡むからだ．年齢が若いほどリスクに対する耐性が高いので，若者人口が都市や地域の特性を決め，将来を決める．都市や地域や地域の人口にそれが忠実に反映する．国勢調査人口をもとに変化を計算すると，興味深い事実が現れる．人口規模で市区町村を分類し，人口，DID（人口稠密地域）人口比，転入転出比の三変化率を比較する．人口，DID人口比は1より小さいと減少を意味し，転入転出比については負だと転出が転入を上回るとする．自然増減や社会増減が合算された人口増加は5万人以上の都市や地域で，それも大都市ほど増加率は高くなる．DID人口の変化で見ると，最も人口の伸びが高いのは15万から30万人規模の都市である．転入転出で示される社会増の比率でも最も高い．ダンツィヒとサーティが提唱した「コンパクトシティ」の最適人口規模25万人は，まさしくこの

クラスに含まれる．都市の特性である匿名性よりも，顔が見える関係がなんとなく維持され，同時に都市的サービスがある程度完備できる15万から30万人規模の自律的都市を地域の核として育てることが重要だ．このクラスの都市や地域が2000年からの5年間で3.2%も下位のクラスの都市や地域に落下している．逆に下位のクラスからこのクラスへの上昇はたったの1.2%でしかない．一極集中を是正し，多様性のある分散型の都市や地域群で構成されたこのクラスで代表される日本型コンパクトシティのネットワーク化を促進するための都市デザインを構築することが喫緊の課題だ．

第3節　日本型コンパクトシティの黄金律

　ジェイコブズによれば，健全なまちの持続には，①多種多様な機能が時間差を置きながら，24時間活動していること．②ヒューマンスケールの街区の中に小路や公園がいたるところにあり，住民たちがたむろし，彼らの目が常時光っていること．③単調な家並みが続くのでなく，新旧織り交ぜて併存すること．④人が密集して住んで，あるいは働いて人口密度を押し上げていることの四条件が「一つもかけることなく」満たされることが必要という．あるいは，エドワード・グレーザーの言葉を借りるならば，社会インフラや住宅などのハードが人口の大きさに対して，過大ではないことが都市の健全性を示すという．ともあれ，コンパクトシティの黄金律ともいえるこれら四条件を参考に，日本的課題を検討してみる．

　活気ある中心市街地とは多種多様な機能が時間差を持ちながら活動しているとは生鮮食料品から衣服，家具などの多様な店舗がひしめきあって競争しながら夜遅くまで賑わっている地域のことだ．そして都市と都市を，地域と地域を有機的に結びつけるゲートウェイであり，地域の文化と経済が生命を吹き込まれる空間でなけれなばならない．だから，早々とシャッ

ターを閉める金融機関の支店などが目抜き通りの一等地にあっていいのか．物販店やゲームセンターだけでなく，学習塾やコミュニティケアなど各種サービス店，それに大学短大などのサテライトキャンパスが夜遅くまで開いているエリアがあってよい．道府県庁のある大都市や地域であっても，飲食店を除いて午後の7時くらいに人通りが途絶える繁華街があまりにも多い．

　街区は誰のためにあるのか．モータリゼーションを前提に，「運転する人」の利便性優先という意識があったかどうかわからない．幅が広く見通しのよい街並みを作ろうと，四角四面の区画整理を多くの地域で進めてきた．なるべく目抜き通りは幅員を広くとるほうが見栄えがよい，道を広くとれば便利になり遠くから人がやって来ると考えた．地権者に減歩をお願いし，店舗をセットバックさせた．運転中の多くはそこに住んでいる人より，そこを通過する人，そこに何かの用があってやって来た人だ．結果として両側を歩くお客を分断させ，良質の商店街を破壊してきた．地元の思惑とは反対に拡幅された目抜き通りを，単なる通過装置にした．商店街は，商売ができないとさっさと見切りをつけて店舗を郊外のSCに移した商売人と，通過地点に様変わりする通りを見ながらなすすべもなく，閉店への道をひたすら辿る圧倒的多数の人たちに二分された．駅前の見栄えのしない大規模店舗にすがりつく地域と，個性的な商店が競争しながら賑やかで複雑な小路を形成する地域とでは，どちらに軍配が上がるかは火を見るより明らかだ．単調で画一的な郊外に多く立地する大規模SCには早晩淘汰の嵐が吹き荒れる．大型店依存の駅前は多様な魅力をうまく醸し出せなければ，乗降客数の減少に見舞われる．駅前大型店が閉店の憂き目に遭い，後を襲ったゲームセンターなどの近辺で軽犯罪頻発に悩む郊外都市も出てきている．住民の目が十分に行き届かないエリアに犯罪の死角が形成される．

　田舎から都会への人口流動が盛んだった頃に，公団や地方自治体が事業主となった住宅団地が各地の大都市近郊で建設された．単調な色彩，四角く区割りされ，同一世代が一斉に入居し，子育てにいそしみ，歳を取って

いった．やがて子ども世代も一人前になると親のもとを去った．親世代と一緒に住みたくても，子ども世代には郊外生活で支払う通勤通学に要する時間コストは大きな壁だ．彼らは画一的で面白味の欠けたニュータウンの単調さに早々と別れを告げたかった．こうして若者に去られた圧倒的多数のニュータウンが高齢化の波に洗われ，商業機能の撤退など生活基盤の崩壊の危惧にさらされた．「あこがれ」の対象となった近代住宅＝郊外団地の印象があまりにも強くて，行政も住民も時代の変遷の中で弾力的に住まい方を変えるノウハウを蓄積する機会を逸した．住民の弾力的対応を阻止する公的規制や本来必要な法的不備も重なった．

　市街地の高層化で郊外に住む高齢者の住み替えを容易にし，用途の混在も認めればコストは低下する．また市街地の開発と郊外環境の保全との両立も可能となる．住まいと職場の距離は短いほうがよい．昼間人口と夜間人口の比が22倍強もある千代田区は高コスト都市や地域の代名詞だ．

　対面などのアナログ型コミュニケーションの重要性は，パソコンや携帯が普及しても低下はしない．ジェーン・ジェイコブズが推奨した路地や小路のオープンスペースはまちの楽しさを演出する．そこは子どもから大人までひきつけ，コミュニケーションが生まれ，あるいは独りたたずんで風景も楽しめる空間だ．情報の結節点であり発信基地であった「カフェ文化」がその代表例といえる．昼夜間を通じて人が集まってくる空間にいろいろな情報やアイディアが持ち込まれ，解釈・加工され，追加されてまた流布してゆく．その過程で新しいビジネスモデルが生まれる．対話の空間にはできるだけ多様な背景を持った人材が世代を超えて集まって来るのが望ましい．水が氷や水蒸気になったりする相転移をもたらすような劇的変化が，新たの人材を巻き込みながら都市としての次のステップを用意する．初めは少数かもしれないが高質の夢やアイディアが現実のものとなり，それが社会に可視化され認められることが重要だ．

　日本型コンパクトシティの実現に向けて，もう一度ダンツィヒとサーティの「空間の原理」と「時間の原理」，それにジェイコブズの英知に学

ぶ時かもしれない．大分県豊後高田市のように「昔からの」建物や街並みを保存修景しながら，日々の生活に誇りと満足を提供するヒューマンスケールのまちづくりが，逆に「よそもの」のあこがれを作り出すという循環の仕組みを作り出せているところがまだ少ない．グレーザーのいうハードとソフトのベストミックス，これこそがコンパクトシティの神髄だという認識があまりにも薄いところに所謂「日本型」コンパクトシティ論の不毛性が見えかくれする．

第4節　成長のランダムパターンが意味すること

　経済成長を考えるとき，近年は資本ストックや人口総数といった量的要因のみでなく，教育環境や「きずな」といったソーシャル・キャピタル（社会関係資本）などの質的要因が注目され始めている．これらの要因は地域経済の根幹をなす都市や地域特性との関連が高い．

　ここでは都市や地域の特性を人口密度と人口集中地区（DID）人口，それに民間事業所数や製造業出荷額などの経済変数で，地域経済成長へのそれぞれの寄与度を推計する．その推計結果から，経済成長への戦略的道筋を吟味する．

　この作業から地域の経済成長と関連深い要因が把握でき，地域要因をターゲットとした効果的な成長戦略も見えてくる．もちろん，地域の人口規模や北海道から九州・沖縄まである地域ブロックの違いによって，施策の重点は異なってくることも当然考慮しなければならない．

　まず，都市や地域の成長パターンをマクロでとらえる場合，都市や地域規模と成長率に何ら相関が存在しないという前述の「ジブラ法則」（Gibrat Low）あるいは「比例効果の法則」が働くかどうかを吟味することから始める．ある地域のt期の人口を$P(t)$とすると，「ジブラ法則」あるいは「比例効果の法則」は

$$\{P(t) - P(t-1)\} / P(t-1) = \varepsilon \tag{12}$$

と定式化できる．そして ε は非常に小さなランダム変数で平均 0, 分散 0.01 に設定してある．式を変形して

$$P(t) = (1+\varepsilon) P(t-1) \tag{13}$$

と対数化する．ここで極めて小さい ε に対して $\log(1+\varepsilon) \fallingdotseq \varepsilon$ と近似できるから

$$\log P(t) = (t\varepsilon) \log P(0) \tag{14}$$

と最終的なシミュレーションモデル式が得られる．これから図 5 のようなシミュレーション結果がいくらでも得られる．当初同一人口規模であった都市や地域がランダム成長パターンを繰り返すことで，時間とともに規模の分散が t ε で増大してゆく．都市や地域の規模によらず，パラメトリックな成長パターンを形成してゆくと，都市や地域や地域の規模分布は次第に対数正規分布してくる．成長率が規模に関して「中立」な「ジブラ法則」あるいは「比例効果の法則」は対数正規分布で近似できる．この成長パターンが現実にも当てはまっている．1980 年と 2000 年の国勢調査人口対数値を各市区町村で散布図にして確認すると，図 6 のように回帰直線に集中する傾向（あるいは共通の成長率にしたがう傾向）が見て取れる．これから

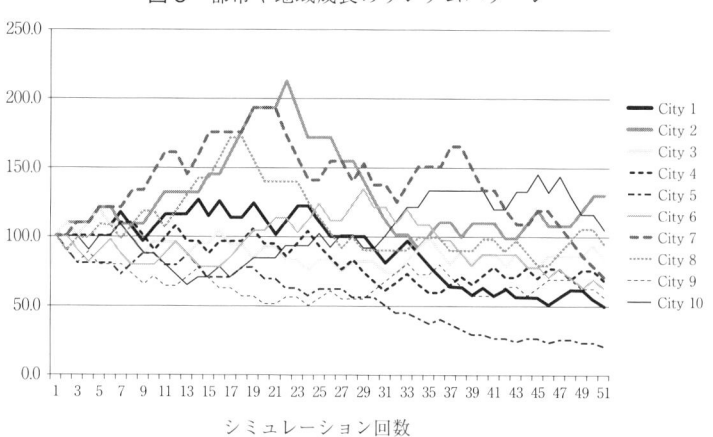

図 5　都市や地域成長のランダムパターン

マクロ的に見て都市や地域の成長は「ジブラ法則」あるいは「比例効果の法則」に沿っていたことがわかる．

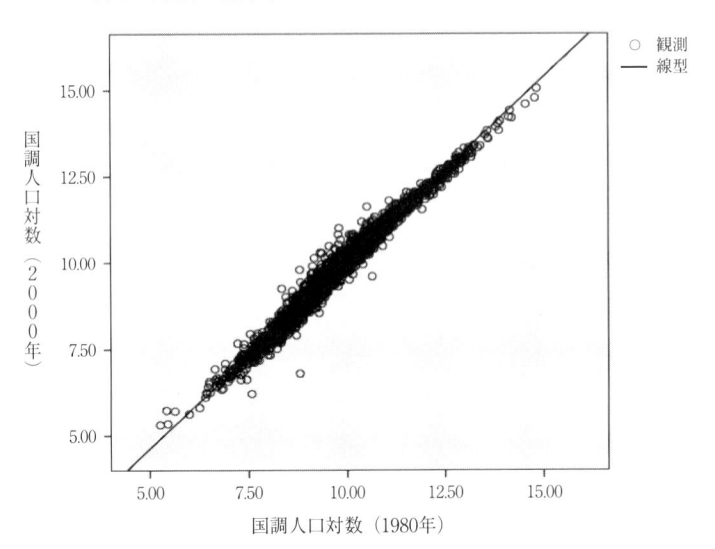

図6　対数正規分布で近似できる都市や地域の人口成長

第5節　人口密度の重要性

　さて，いよいよ都市や地域の経済成長に議論を移す．地域の経済成長は所得（課税対象所得）の伸び率でとらえることにする．一般には，経済成長は域内総生産などの生産額の伸び率でとらえるが，国の中で地域は「完全開放」されているので，生産活動の成果がそのまま生産した地域にとどまるわけではない．一方，所得は他地域に流出せずに地域に帰属する経済成果であり，人口規模が大きいほど伸びは大きい．地域を活気づける原動力だ．
　まず，人口規模で全国の市区町村を5グループに分類した．地域ブロックは日本工業規格（JIS）分類によるが，関東は北関東（茨城，栃木，群馬）

と南関東(埼玉,千葉,東京,神奈川)に分割した.人口と経済の規模が大きい南関東は,他の地域が戦略を考える際のベンチマークになるからだ.この所得の伸びを支える要因として,市区町村の人口密度上昇率や,中心市街地を構成するDID人口の増加率といった「空間の要素」を加味した人口要因に注目する.人々が持ち寄るモノ,カネ,情報,アイディアは限定された空間に集中し,高い頻度で交換され,ときには激しく変化を繰り返し,さまざまなイノベーション(革新)のきっかけを準備し,新しいビジネスチャンスを作り出すからだ.マクロ的に見ても,人口密度と生産性には強い相関が観測される.都市の魅力は人口密度が創造する(図7).

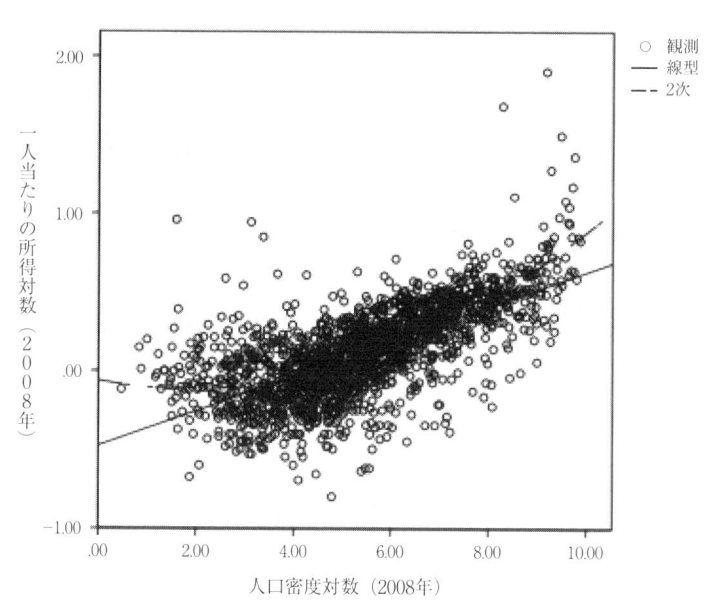

図7 人口密度と所得の関係

人口密度はどの人口規模でも一様にかつ徐々に高まっていったのではない.人口規模30万の都市や地域では着実に「郊外化」が進み,人口密度が低下していった.その周辺地域は「郊外化」の波を受け,人口密度を上げていった.しかし興味深いのは,バブル経済が崩壊し,市街地の地下が

下がりだしてから再び大都市での人口密度は上がりだしたことだ（図8）．企業等が自社有地などの遊休資産の売却を開始し，そこに大規模住宅開発が進んだからだ．と同時に，産業構造の変化でICT関連の企業や企業向けサービス，医療福祉サービスの新規創業などが市街地を中心に展開され始めたからだ．再開発の革新的コンセプトを導入した住居と事業所スペースの混合用途（mixed use）の嚆矢である「六本木ヒルズ」はその象徴といってよい．

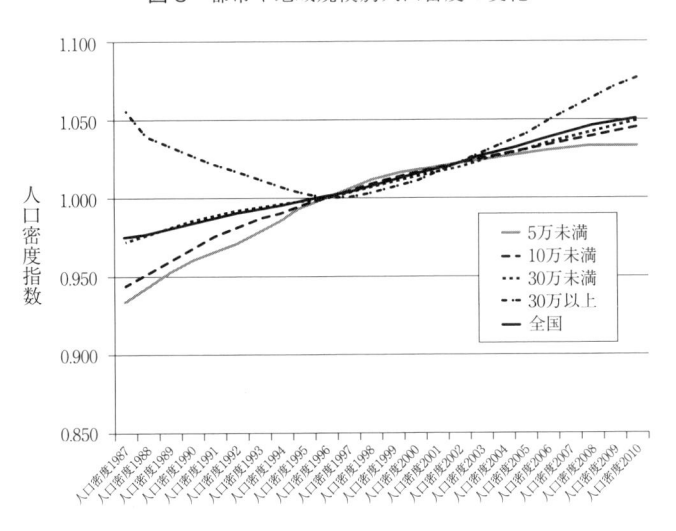

図8 都市や地域規模別人口密度の変化

人口密度の趨勢的変化と同時に，民間事業所数と製造業出荷額の伸び率が所得増加に貢献する度合いにも注目する必要がある．企業の国内事業所の統廃合が進み，一部に集中する傾向が1994年頃から強まっていることと，廃業率が開業率を上回ったままの意味を問いたいからだ．推計に用いた合計5つの数値は，2001年と06年を比較した対数値とした．そして，人口密度，DID人口，民間事業所数，製造業出荷額の4つの独立変数のそれぞれの変化率が，所得の伸びる速度を①一定率で（比例的に）促進する②加速する③徐々に促進力が低下する（逓減する）の3パターンのいずれ

になるかを推計した．以下，表 4 をもとに推計結果を解釈し，対処策を述べる．

まず，地域の人口規模ごとに吟味する．人口密度の上昇が所得の伸びを加速させる働きをするのは，人口規模 5 万人から 30 万人未満の中堅都市や地域である．この規模の都市や地域では，DID 人口増加の効果は逓減的である一方，民間事業所数の増加や製造業出荷額の増加が所得の増加を加速させる効果を持つ．だから，特定地区に限定せずに幅広い人口増加戦略を図るべきだ．郊外の開発と製造業の誘致策に力を注ぐことも重要になる．これは 5 万人未満の小都市や地域でも同様にいえる．

30 万人以上の中核的な都市や地域では，DID 人口の増加が，所得の伸びを加速させるほどではないが一定の率で増加させるところが特徴だ．多様な活動がそろった都市や地域の機能を集中させコンパクト化する効果は大きい．人口が減少する郊外から中心市街地など特定の空間に人口を集中

表 4　都市や地域の経済成長（一人当たり課税所得の伸び）要因

データ区分	地域人口の規模	人口密度上昇	DID人口増加	民間事業所増加	製造業出荷額増加	参考
人口規模	1 万人未満	比例的	×	加速的	比例的	471 地域
	1 万〜5 万未満	比例的	逓減的	逓減的	加速的	762 地域
	5 万〜15 万未満	加速的	逓減的	比例的	加速的	386 地域
	15 万〜30 万未満	加速的	逓減的	加速的	加速的	99 地域
	30 万以上	比例的	比例的	×	加速的	82 地域
地域ブロック	北海道	加速的	比例的	比例的	比例的	180 地域
	東 北	逓減的	逓減的	逓減的	逓減的	230 地域
	北関東	逓減的	比例的	比例的	比例的	112 地域
	南関東	加速的	比例的	比例的	加速的	221 地域
	北 陸	比例的	逓減的	比例的	×	82 地域
	中部・東海	加速的	×	×	逓減的	248 地域
	近 畿	比例的	逓減的	比例的	比例的	234 地域
	中 国	比例的	×	×	比例的	110 地域
	四 国	比例的	比例的	×	比例的	95 地域
	九州・沖縄	比例的	逓減的	比例的	比例的	288 地域
全データ		加速的	逓減的	逓減的	加速的	1800 地域

（注）× の欄は統計的有意性が得られないことを示す．

させることが有効である．

　革新的なアイディアと新しいビジネスモデルが創造された都市や地域には，累積的に人口が引きつけられる．民間事業所数増加の効果は統計的に確認できなかったが，製造業出荷額が加速的に働く．高付加価値のファッションや情報・メディアなど，都市や地域の多様性が醸し出す「集積の経済」がうまく働くからだ．

　1万人に満たない地域でも人口密度の（人口増加）重要性は高いこともにもっと注目すべきだろう．事業所数の増加が所得増加を加速することから，収益性と雇用吸収力を持った高付加価値農業や地場産業の振興で人口減少や過疎化に歯止めをかけることも有効だ．1万人以上の都市や地域ではどこでも，製造業出荷額の伸びが所得の成長を加速させる役割を持つ．「ものづくり」への執着と技術の伝承を政策として体系的に整備することが重要だ．海外への技術移転が悪いとはいわないが，国内の優れた技術が地場産業の衰退とともに枯渇してしまっては元も子もない．

　以上の議論を前提に，表4に従って地域ブロックごとに吟味してみよう．北海道と南関東，中部・東海の3地域では人口密度の上昇が所得を加速度的に増加させる．また，DID人口の増加が所得の伸びに加速的に働いている地域はないが，北海道，南関東，北関東，中部・東海，そして四国では比例的に働いている．北海道や四国など人口減少傾向が続く地域では，郊外展開からまちなかの再開発にウエートを移すべきだ．その点では中心市街地の重点的整備も必要となる．民間事業所数の増加が所得増加にもたらす効果は多くの地域で比例的に働く．とくに東北と北陸の2地域でその効果が高い．ただ，中部・東海，中国，四国では統計的に明確な傾向が出ない．第2章で検討したパレート係数の推移から判断して中国の地域振興に関してもっと細心の注意を払うべきだろう．

　中部・東海については，製造業出荷額が所得増加に対して逓減的な効果しか持ち得ないことに注目したい．すでに技術的な集積度の高い地域だから，自動車産業以外に次世代を牽引する航空機事業などの製造業の発展が

望まれる．

　以上から，地域の経済成長と人口増加はコインの裏表であることをデータで検証できる．その成長を支えるはずの人口が，地方から大都市や地域圏へと流出を続けている．若い人口の移動は地方圏の人口増加を抑制する．しかし出生率を見ても，移動先の大都市や地域圏は人口増加を加速する環境にない．このままでは地方からの社会増も頭打ちになり，やがて東京圏でも自然減を補えなくなる．人口を持続的に吸収できなくなった東京圏の魅力は低下する運命にある．

第6節　事業所増加の雇用創出力

　雇用の創出は地域社会にとって最大の魅力創出であり，最大の政策課題である．そのために行政は「競って」法人税の減免や土地の斡旋など各種の企業誘致政策，創業支援の策を講じてきた．しかし企業のCM費用と同じで，同じようなメニューのために差別化が図れずに効果を打ち消しあった．またどの自治体も財政逼迫で当初の約束の多くが反故にせざるを得なくなった．結果として雇用創出の政策効果は極めて限定的だったと結論づけることができる．

　企業にとって，人件費，輸送費，原材料費などをトータルで戦略を練る必要がある．その戦略の延長線上に「立地」が決定される．とくに1000人規模で立地を決定する力のある企業にとっては，地球全体が候補地になる．日本の自治体にとっても誘致の対象が「地球全体を相手にした企業」という視野で検討を加えなければならない．大半の自治体にとって真の意味でグローバル時代だという意識が今まで希薄だった．また，雇用創出が「地域づくり」に持つ意味を的確につかんでいたかどうかも疑わしい．横並び主義，前例踏襲主義，補助金依存の安易な産業振興政策が，着実に地方の自立性と活力を削いでしまった．

たとえば，戦前も含めて高度成長期まで存在した各地の産地はグローバル競争を背景に徐々に激減していった．古くからある足元の産地を守ることをないがしろにして，新規立地を促す愚策に気づくきっかけを失っていたといえるだろう．グローバル競争は「コスト高の日本」を世界に印象づけた．これは人件費の高さだけの話ではない．合理性に欠ける各種の規制や地域の頑迷な対応などの事例も立地を検討するグローバル企業の徹底した調査で明るみにされたはずだ．現在でもシティセールスが当たり前の世界にあってもあまりにも時代遅れの対応が行政の中では依然としてまかり通っている．

さて，雇用に関連する地域の主要産業である製造業，商業，サービス業について両対数モデルで各々の雇用吸収力を標準回帰係数（相関係数と一致）を推計した．$E(t)$ を t 期の雇用数，$F(t)$ を t 期の事業所数とすると，

$$\log(E(t)/E(t-5)) = \alpha + \beta \log(F(t)/F(t-5)) \qquad (15)$$

という推計モデル式となる．この推計値は「1％の事業所の変化が何％の雇用変化につながるか」を判断できる弾力性と見てよい（表5）．さらに時間と産業ごとの比較も可能な推計値であることも強みである．推計の結果，製造表は平成3年間から8年にかけて統計的優位性のある弾力性は得られなかったが，小ロット高付加価値化への転換の高まりの中で平成8年から13年にかけて変化し，若干ながら雇用創出に一定の効果を持ちうるようになった．グローバル競争で事業所統合が不可欠になり，就業者の確保にもつながっていったことが一因だろう．しかし地域の基幹産業の撤退が，地域との過去の依存関係までも断ち切って行われる厳しさが各地で始まっていることから，統廃合された地域からの雇用が喪失していることは注意すべきだ．とくに大規模工場の誘致に伴う撤退リスクについての考慮は重要である．

表5　事業所と雇用の関係の強さ

	就業者変化 H8／H3	就業者変化 H13／H8
製造業事業所数の変化	△	0.18
商業事業所数の変化	0.98	0.43
サービス業事業所の変化	0.78	0.53

（注）△は統計的有意性がない．数値いずれも5％の有意水準を満たす．

　次に，卸売業・小売業で構成される商業は，平成3年から8年にかけて最も雇用創出力があった．商店街の衰退と郊外のSCを中心とする大規模店舗の雨後のタケノコのような出店競争で，かなり後者の力が高かったといってよい．その結果，地価が比較的安くて交通至便な郊外での雇用は着実に進んだ．しかし，SCを中心とした開発が一段落する傾向を見せ，商店街の衰退が加速しだしたことで個店数の減少が全国計で年間3万店を越すなどして，高い弾力性を誇った商業は次第にその座を高齢化社会を背景に伸びる医療・福祉を中心としたサービス業にそのトップの座を明け渡すことになる．しかし，これらの産業の賃金は総じて低く設定されているために地域の消費を上向かせるには力が弱いことを指摘せざるを得ない．しかも，弾力性は商業，サービス業では低下している．雇用吸収力がそれだけ低下しだしていることを暗示する．団塊世代のリタイアを契機に，新しい雇用への動きが直接間接を問わず規制緩和を伴って活発化することを官民総出で行う必要がある．デフレ時代が終わらない以上，最低賃金の引き上げが雇用創出につながるのか，雇用喪失につながるのかは，簡単な思考テストだ．その前に「生活コスト高」解消の諸施策を地域こぞって工夫すべきだろう．

第7節　自立を阻むミッシングリンク

　さて，ローカルガバナンスを経済的に支える条件を検討する最終段階に入った．この経済的自立を達成させるための都市や地域の経済モデルが存在するか否かを検討する「逐次決定型」のダイナミックなモデル式を設計する．すなわち各変数の10年にわたる変化式に因果関係を持たせ，Xの変化がYの変化を引き起こし，Yの変化がZの変化を引き起こし，……やがてWの変化が引き起こされて，最終的にWの変化が再びXの変化を引き起こす循回型のダイナミックな過程を記述するモデルである．式にすると，

$$\log(Y(t)/Y(t-10)) = a_1 + \beta_1 \log(X(t)/X(t-10))$$
$$\log(Z(t)/Z(t-10)) = a_2 + \beta_2 \log(Y(t)/Y(t-10))$$
$$\cdots\cdots\cdots$$
$$\cdots\cdots\cdots$$
$$\log(X(t)/X(t-10)) = a_n + \beta_n \log(W(t)/W(t-10))$$

(16)

となる．このようなモデルの設計は，自立的で循環する地域経済がどの箇所で「ミッシングリンク（鎖を断ち切られて）」となっているのかが指摘できると同時に，それが政策課題として自然に浮かび上がってくることを示唆する（表6）．

　全国のデータセットを4区分した．5万人未満，10万人未満，30万人未満，30万人以上の4区分で推計し，ミッシングリンクを摘出する．統計的有意性もチェックした結果，以下の結論が導かれた．

（1）5万人未満では，夜間人口（あるいは定着人口）増加という最も地域

表6 ミッシングリンクの推定結果

説明変数		生産年齢人口増加率 0696	民営事業所増加率 0696	人口密度上昇率 0696	一人当たり所得上昇率 0696	純転入増加率 0696
被説明変数		民営事業所増加率 0696	人口密度上昇率 0696	一人当たり所得上昇率 0696	純転入増加率 0696	生産年齢人口増加率 0696
人口規模	5万人未満	.656**	.646**	.123**	.152**	−.058*
	10万人未満	.647**	.577**	.087	.186**	.606
	30万人未満	.622**	.631**	.244**	.223**	.070
	30万人以上	.474**	.471**	.591**	.400**	.273

(注) *は統計的有意水準5%を満たす．**は統計的有意水準1%を満たす．

にとって重要な人口変数と生産年齢人口（15歳未満の人口，65歳以上の人口といった依存性の強い人口を支える自立的人口）との間にミッシングリンクが存在する．さらに，統計的に有意にマイナスの関係がある．これは，夜間人口の増加（転入人口と転出人口の相対比）で，非生産年齢人口，もっと言えば高齢人口の増加につながっていることを意味している．生産年齢人口をどう増加させるかが課題となる．

(2) 5万人以上10万人未満では，人口密度の上昇が一人当たりの所得上昇につながっていない．これでは集積の経済を生み出す力が弱い，あるいは集積の経済を享受する産業や事業所が立地していないことを暗示する．また，5万人未満の地域と同様に，夜間人口の増加が生産年齢人口の増加につながっていないことを意味する．

(3) 10万人以上30万人未満では，人口密度の上昇が一人当たりの所得上昇につながってくる．これは集積の経済を生み出す力が観察される．また集積の経済を享受する産業や事業所が立地していることを暗示する．また，10万人未満の地域と同様に，夜間人口の増加が生産年齢人口の増加に「必ずしも」つながっていないことを意味する．

(4) 30万人以上では，人口密度の上昇が一人当たりの所得上昇につながっている．また集積の経済を生み出す力が観察される．これは集積の経済を享受する産業や事業所が立地していることを暗示する．また，30万人未満の地域とは違い，夜間人口の増加が生産年齢人口

の増加につながっている．「人口は職を求めて移動する」というヴァーノンの仮説は日本では 30 万人以上の都市や地域でようやく成立することが確認される．

　上記の検討結果から，5 万人から 10 万人という最も構成比の高い地域で集積の経済に頼らない地域経済の工夫が必要であることが示唆される．自立的な経済を確立するためには，観光による交流人口の増加や農業を中心とした 6 次産業化などの工夫も中心市街地の活性化とからめる工夫とともに重要になってくる．しかし，最も重要なのは，人口増が生産年齢人口の増加につながるような施策が大半の都市や地域で必要だという事実だ．この場合に重要なファクターとして「人口密度」が浮上してくる．また生産年齢人口の増加には，教育や生活の利便性や経済的リスクの低減など「総合的な」施策が必要不可欠な条件となる．この条件は，統計的な有意性が成立し得ないという意味での「ミッシングリンク」を断ち切る課題解決能力を都市や地域に要求していることを意味している．この条件をクリアできないことから沖縄をはじめ各地で経済特区制度が頓挫している．ほとんどが生産年齢人口の増加を意識的に，あるいは無意識的に狙っているが，ターゲットとしての生産年齢人口が持つ顕在的，潜在的ニーズをもっと見極めることが彼らの（あるいは彼らの家族の）顕在的，潜在的ニーズをつかみきれていないことが「ミッシングリンク」を解消できないことを早く認識すべきだろう．とくに初等中等教育の充実こそ地域に望まれる重要施策であることは，どの地域にも共通している．グレーザーは「都市は教育投資を待っている」と述べている．

　生産年齢人口のうちとくに若年人口は，都市や地域の規模ではなく，多様性と寛容性のある空間に魅力を感じて移動するはずである．試行錯誤の自由とイノベーションの可能性を求めるからだ．その点を考慮すれば，情報通信技術（ICT）を駆使して地域社会の隙間に潜む多様なニーズを丹念にくみ上げるソーシャルビジネスやコミュニティビジネスなど，社会的イ

ノベーションこそが新成長分野を形成する．と同時にこれこそがターゲット人口を効率よく確保する重要な手段でもある．どの地域でも，これらの実現と育成に向けて官民挙げて取り組む格好の活動空間が都市や地域なのである．本稿ではあえて，都市や地域という表現を使った．これは都市や地域が周辺地域を巻き込んで「自立した地域」を作ってゆくことが時代の要請であり，あくまでも周辺地域は都市や地域に依存する地域という仮説を前提にしているからだ．

ところで，貿易収支は2011年に1兆6100億円弱の赤字を記録した．これは1963年以来48年ぶりという．日本は典型的な加工貿易国と自認する一般国民にとって，3・11の大震災と原発事故に続く傷心的なニュースだった．もちろん貿易収支も含め，サービス収支や所得収支，経常移転収支などで構成される経常収支は9兆6千億くらいの黒字だから，当面の猶予はあるが，早晩経常収支も赤字に転落するという悲観的予想もある．

ものづくり大国を謳歌していた往時の日本はもはや存在しないのだろうか．70年代から80年代の数次にわたる「日米貿易摩擦」に妥協に妥協を重ねてきたこともあるが，積極的な摩擦回避策を怠ってきたことも確かだ．しかし，要素技術の高さは世界で群を抜いている．それでも，ガラパゴス化などというレッテルやジャパンパッシング（日本無視）という対外的な冷遇をおびき寄せるのはなぜか．これから絵解きしてみる．

かつて「日本恐怖症にかかった米国」という特集が世界的に権威ある経済誌エコノミストで編まれた．日本は米国製品を不正な手段で蹴散らしているという米国産業界の言い分に，両国製品での競争力の違いは，品質の違いに帰着するという冷静な論評で締めくくった．それに触発されたのか，米国屈指の大学MIT（マサチューセッツ工科大）を中心とした産業生産性委員会は『メイド・イン・アメリカ（米国再生のための米日欧産業比較）』を1989年に上梓した．ノーベル賞級の一級の教授陣で構成された調査委員会だから，その内容は単に米国製造業のパフォーマンス分析に終始しているわけではない．市場ニーズの徹底調査と，初等，中等，高等教育のあり

方，産業政策のあり方，労働組合のあり方まで筆が及ぶ．包括的であると同時に具体的な政策提言が含まれていた．多くは日本を参考にしたものだった．この真摯に学ぶ姿から，やがて世界のライフスタイルを変えるICT革命が花開くことになる．真摯に学ぶ姿が今の日本にあるだろうか．

　かつてソニーの「ウオークマン」は世界中の若者のライフスタイルを変えた．音質の良いステレオサウンドを歩きながら聞ける．この画期的新製品に世界の若者はしびれた．やがて，パソコン，携帯電話が若者に普及し，それに半歩遅れて年配者や児童生徒にも普及していった．しかし世界中で衝撃的な普及を見せ，若者の心を虜にしたのは，スティーブ・ジョブズが開発した「スマートフォン（スマホ）」である．その第1世代は部品の大半を「メイド・イン・ジャパン」に頼ったが，やがて量産化で大幅なコストダウンを成功させた新興国製にそのほとんどすべてが切り替えられた．第1世代を作る要素技術を持ちながら，ウオークマン開発の歴史がありながら，多機能携帯電話を開発する力がありながら，あらゆる製品をコンパクト化する企業風土がありながらスマホを作ることはできなかった．なぜか．

　1つは開発と販売の連携が取れていなかった，あるいはうまくマネージメントできなかった．細部へこだわる技術者魂と新奇さと迅速化が尊ばれる市場ニーズとがうまくマッチしなかった．世界標準化で失敗しても国内市場に助けられ，致命的な結果に至らなかった．結束力の堅さを信条とする産業界の暗黙の了解が失敗をうまく糊塗する．この「ぬくい互助組織」はグローバル化の荒波に絶えずもまれながら，政官財のスクラムで強化されてきた．自由な発想と革新的試みを積み重ねる才を持ちながら，泰平の世に警鐘を鳴らしたり，異議を申し立てる者はこのスクラムからはじき飛ばされて，「異端者」として村八分に遭うか，国外に新天地を求めることになった．サムスンなどの栄華を支える日本人の集団の内面をもっと直視すべきだ．

　いつから「円高は悪，円安こそ善」という誤った図式一辺倒になったのか．どちらに振れても得する場合と損する場合がある．「一国として」得

が損を上回るように対処すればいいこと．手の内を見せれば必ずそれで利ざやを稼ぐ鬼どもが「ネギ背負ったカモ」と狙ってくる．円高にいたずらに悲観するのではなく，そのメリットを最大限に活かす行動戦略が今求められている．たとえば2010年の対外直接投資の名目GDP比はドイツ，フランスとも3.3，米国2.4，対して日本は1.1の低さだ．またアジア地域の香港33.9，シンガポール9.5，マレーシア5.8，韓国1.9と比較しても圧倒的に低いから，「円高は悪」の発想から抜けきれない．冒頭の貿易収支に関しても，今までの「量で稼ぐ」から「付加価値で稼ぐ」に発想の転換を図る必要がある．徹底したコストダウン可能な量産品貿易で新興国と競うことの愚を早く改めるべきだ．この競争こそが国内の関連企業や産地を徹底的に痛めつけ，優越的地位の濫用の禁じ手の誘惑に導く．「産業立国」「ものづくり大国」の世界的名声を自らが破壊している状況からすみやかに転換することに早く気付くべきだ．行政も時代遅れの保護と規制のワーストミックスの政策から脱皮すべきだ．

おわりに

　地域間移動の主力は若者だ．ハードウエア，ソフトウエア双方の「ものづくり」の現状を作り替え，未来形を創造する若者の文化や行動スタイルに寛容な地域を誰がどうデザインするか，それをどう支えるか．この難しいソリューションはマーケットが用意するものではない．地域を主体として試行錯誤を繰り返し，地域の合意で作り上げてゆくものだ．このソリューションづくりに失敗したところから若者は去ってゆく．それも黙って．情報もアイディアも地域の未来も持ち去るこの沈黙の怖さを行政も地域リーダーもそろそろ認識しなければならない．「日の下に新しきものなにも無し」の諺にあるように，すでにあるものを斬新な発想で組み合わせ，なるべくエンドユーザーにわかりやすく価値を認めさせる．この原理原則

を愚直に守ることで，マックのアイフォンは生まれ，アップル社は時価総額世界トップに躍り出ることができた．世界をリードするイノベーションの種は日本には無数に存在し，新しい発想によって結び合うチャンスを待っている．アイディアも含めて良いものに国境はない．そのことをスティーブ・ジョブズは教えてくれた．輸出に不向きな国内産業と呼ばれていた不動産業も，教育産業も，居酒屋・定食屋も，「こだわりの日本流」を前面に押し出して国境を越えて行こうとしている．まさに「意識の開国」こそが，これからの日本経済を牽引する上に必要とされている．

参考文献

青山英明 他（2007）『パレート・ファームズ』日本経済評論社
カラブレイジ，J.（1989）『多元的社会の理想と法』（松浦好治他訳）木鐸社
クリステンセン，C.（2001）『イノベーションのジレンマ』（玉田俊平太監訳）翔泳社
国立社会保障・人口問題研究所 編（2008）『日本の市区町村別将来推計人口』総務省
サクセニアン，A.（2011）『現代の二都物語』（山形浩生他訳）日経BP社
サットン，J.（2007）『経済の法則とは何か』（酒井泰弘監訳）麗澤大学出版会
ジェイコブズ，J.（2010）『アメリカ大都市・地域の死と生』（山形浩生訳）鹿島出版会
ジェイコブズ，J.（2011）『都市・地域の原理』（中江利忠他訳）鹿島出版会
ディキシット，A.（2000）『経済政策の政治経済学』（北村行伸訳）日本経済新聞社
ナン・リン（2008）『ソーシャル・キャピタル』（筒井淳也他訳）ミネルヴァ書房
パットナム，R.（2006）『孤独なボーリング』（柴内康文訳）柏書房
フリードマン，B.M.（2011）『経済成長とモラル』（地主敏樹訳）東洋経済新報社
フロリダ，R.（2008）『クリエイティブ資本論』（井口典夫訳）ダイヤモンド社
細野助博（1995）『現代社会の政策分析』勁草書房
細野助博（2000）『スマートコミュニティ』中央大学出版部
細野助博（2005）『政策統計 ―公共政策の分析ツール―』中央大学出版部
細野助博（2007）『中心市街地の成功方程式』時事通信社
細野助博（2010）『コミュニティの政策デザイン』中央大学出版部
細野助博（2011）「都市・地域の活力こそ成長のエンジン」『日本経済新聞』2月

1日朝刊「経済教室」
ワッツ,D(2004)『スモールワールド・ネットワーク』(辻竜平他訳)阪急コミュニケーションズ
Anas, A. and K. A .Small (1988) "Urban Spatial Structure."
　　　　　　　　　　　Journal of Economic Literature,Vol.34 1426-1464
Benabou, R. (1993) "Workings of a City: Location, Education, and Production"
　　　　　　　　　　　The Quarterly Journal of Economics, Vol.108:2 619-652
Dantzig, G.B. and T. l. Saaty (1973) *Compact City* W. H. Freeman
Dumais, G, G. Ellison,and E. L. Glaeser (2002) "Geographic Concentration as a Dynamic Process."
　　　　　　　　　　The Review of Economics and Statistics, Vol.84:2 193-320
Eaton, J. and Z. Eckstein (1997) "Cities and Growth ; Theory and Evidence from France and Japan,"
　　　　　　　　　　Regional Science and Urban Economics, Vol.27 443-474
Ellison, G. and E. L. Greaser (1999) "The Geographic Concentration of Industry: Does Natural Advantage Explain Agglomeration?"
　　　　　　　　　　　American Economic Review, Vol.89:2 311-327
Garreau, J. (1991) *Edge City* Doubleday
Gleaser, E. L. and J. D. Gottlieb. (2009) "The Wealth of Cities: Agglomeration Economies and Spatial Equilibrium in the United States."
　　　　　　　　　　Journal of Economic Literature, Vol.47:4 983-1028
Gleaser, E. L. (1998) "Are Cities Dying?"
　　　　　　　　　　Journal of Economic Perspectives, Vol.12:2 139-160
Gleaser, E. L., H. D. Kallal, J. A. Scheinkman, and A. Schleifer (1992) "Growth in Cities"
　　　　　　　　　　Journal of Political Economy, Vol.100:6 1126-1152
Gleaser, E. L. (2011) *Triumph of the Cities*, Penguin Book
Henderson, V. A. Kuncoro, and M. Tuner (1995) "Industrial development in Cities"
　　　　　　　　　　Journal of Political Economy, Vol.103:5 1067-1090
Krugman, P. (1991) "Increasing Returns and Economic Geography."
　　　　　　　　　　Journal of Political Economy, Vol.99:3 483-499
Krugman, P. (1988) "Space: The Final Frontier"
　　　　　　　　　　Journal of Economic Perspectives, Vol.12:2 161-174
Murphy, K. M., A. Schleifer, and R. W. Vishny (1989) "Industrialization and the Big Push."
　　　　　　　　　　Journal of Political Economy, Vol.97:5 1003-1026
Quigley, J. M. (1998) "Urban Diversity and Economic Growth"
　　　　　　　　　　Journal of Economic Perspectives, Vol.12:2 127-138

Romer, P. M. (1986) "Increasing Returns and Long-Run Growth."
  Journal of Political Economy, Vol.94:5 1002-1037
Rosenthal, S. S. and W. C. Strange (2001) "The Determinants of Agglomeration"
  Journal of Urban Economics, Vol.50 191-229
Strange, W., W. Hejazi, and J. Tang (2006) "The Uncertain City: Competitive Instability, Skills, Innovation and the Strategy of Agglomeration."
  Journal of Urban Economics, Vol.59 331-351
Sutton, John. (1997) "Gibrat's Legacy"
  Journal of Economic Literature, Vol.35:1 40-59
Yang, X. and J. Borland (1991) "A Microeconomic Mechanism for Economic Growth."
  Journal of Political Economy, Vol.99:3 460-482

第 II 部
ローカルガバナンスの発露に向けて
―ローカルガバナンスをめぐる諸相―

第Ⅱ部　ローカルガバナンスの発露に向けて
―ローカルガバナンスをめぐる諸相―

細野助博

　今日まで人類は未来に背を向けて後ずさりしながら文明の道を進んできた．人類はいつも目を過去に向け，未来にはごくまれに，ごくうわべの一瞥しかあたえなかった．

サン＝シモン『産業者の教理問答』

　2009年ノーベル経済学賞に輝いたオリバー・ウイリアムソンは，近年ガバナンスのメカニズムを精力的に研究している．「組織論」や「心理学」の大家ハーバート・サイモンの門下生であったことも影響して，組織を構成する諸アクターの「日和見的行動パターン」と「限定合理性による契約の不完備性」の2つのキーワードを使って，ガバナンスのあり方を分析した．さまざまなタイプの人材を投入しても期待したガバナンスの成果が出てこない，あるいは捻じ曲げられることの可能性を指摘した．

　このような事例は「官庁セクショナリズム」に典型的に現れるように日本でも普遍的に見られる．大震災を経験しいまだ復旧・復興のスピードが上がっていない多くの被災地を目の当たりにして，この国のガバナンスのあり方に疑問符をつける国民は多い．あるいは，税と社会保障の一体改革というアジェンダを掲げながら，増税の道筋が確保されたことでそのアジェンダの中身を薄めてしまう．政治的に微妙な社会保障にまつわる諸問

題の抜本的改革をおろそかにし,「財政均衡主義」が確保されればよい,あとは野となれ山となれといつもの「先送り体質」が全面に出てしまう.ガバナンスに必要な政治的決断と説明責任の2つが喪失しているのが現在の日本である.これを先のウイリアムソンが分析枠組みで使った「日和見的行動パターン」の典型と考えるのは酷だろうか.

バブルの発生とその処理に有効な手立てが打てなかったことが「失われた20年」を創りだした.これは永田町・霞が関型ガバナンスに機能不全が起こったと見てよい.その修復を国民は「政権交代」に期待したが,見事に裏切られてしまった.そのツケは,日本国内だけでなく,フラット化したグローバル社会にも深い影を投げかけずにおかないだろう.だから,日本型ガバナンスの体たらくに業を煮やした国民は地すべり的「政権交代」で答え,各国は「日本無視」の戦略を取り出している.「貧すれば鈍する」のたとえは日本にこそ当てはまる.ガバナンスに関してオールタナティブモデルを考案し,その有効性を試し,改善する作業を早急に開始しなければならない.

そのオールタナティブモデルとして地域発のボトムアップ型の「ローカルガバナンス」を提案することが本書の目的の1つでもある.地方に対して選択の自由を保証する「白紙委任状の原理」を適応することの厚生経済学的分析を永田町・霞が関連合は一度検討してみる必要はないのだろうか.地元行政や,家族そして個人に対して最も重い最終決定に至るプロセスでは,情報の無さの裏返しから生まれる不安がかなり心理的経済的負担となる.関連する情報を能動的に収集し分析し,何らかの推論と観察を繰り返しながら結論への道筋をつける.一連のプロセスのどこかで発生するコストを負担しきれない場合,決定を保留したり,他の第三者に委任することになる.とくに将来への不確実な要素が山積しているときに,負担しきれないと判断した住民や地元行政にとって,頼みの綱は県や国のはずだ.合意から決定のプロセスを一気呵成に進めることができる社会インフラの整備などは公的資金投入まで決まればあとは粛々と最終ゴールまで進めるこ

とができる．だからといって「国の仕事は終わったから，あとは地元でやってください」では，何のための国かという怨嗟の声が地元からふつふつと沸き起こることは自明だ．国への要望と国の執行とが必ずしも一致していない．

ただし，地元で決めたい項目もある．地元のニーズも知悉し，合意が得やすく，決定への手続きも簡単なケースだ．ところが決定権をめぐって重大なミスマッチが発生している．国や県が用意する「使えるお金」と住民や基礎自治体が「使いたいお金」との間で発生する重大なミスマッチである．これは国や県で「白紙委任状の原理」が十分に理解されていないからだ．お金を配る人（国）がお金を貰う人（地方）に対して，性悪説を前提に使途を予め限定して支給する場合より，性善説を前提に使途を限定せずに「白紙のままの委任状」をつけて支給するほうが，お金を貰う人の自由度も満足感も拡大する．復興は時間との勝負という原理原則を，霞が関一流の前例踏襲の原理原則よりも優先させることが可能な政治的リーダーシップの欠如がミスマッチを生じさせている．

以上の問題意識のもとで，すでに見え始めている「ローカルガバナンス」の曙光を紹介することが第Ⅱ部に期待される役割である．

さて，この第Ⅱ部の構成を紹介する．ローカルガバナンスを議論する際に，「平成の大合併」と3・11東日本大震災について言及することの必要性は論をまたない．この第Ⅱ部はそのための議論の緒を提示してくれる．第4章は，面積制約下の市町村合併がローカルガバナンスのありように対してどのような効果を持ってくるのかを実証分析と具体事例で示す．第5章は，西多摩地域における行政規模の方向性を，平成の大合併を看過したことの意味と今後の対応について地方議会議員の体験も加味して議論する．第6章は，大震災後の住民の生活回復に影響を与えるローカルガバナンスの2つの側面を，岩手県の道の駅を事例に行政と利用者の相互作用を中心に考察する．第7章は，ラクゥイラ地震（2009）の経験を通して，イタリアの地方制度が自然災害対策に与える作用の面から紹介する．

第4章

面積制約下の市町村合併[*]

西川 雅史

第1節 市町村合併の意義

　わが国は居住が可能な面積の小さい島国でありながら1億2千万人の人口を擁している．それゆえ，必然的に人口の集積度合いが高まりやすく，単純にわが国の人口を面積で除すと人口密度は340人/km²になる．OECDの統計によれば，2005年の時点で，韓国の485人/km²，オランダの400人/km²に続き日本は第三位に相当している[1]．

　わが国において，人口密度がとくに高い中心的な地域を考えてみると，例えば一般的な県庁所在地ならば，県庁舎は最寄りの駅から数キロの距離にあり，そこまでの道のりに商店街や住居用マンションなどが連なる形で中心を成している[2]．より小さな一般市になると共通性を見いだすことが難しくなるが，それでも市役所・町役場が人口の集まる地域（その意味で中心地）に立地しているという程度のことはいえるであろう．

　そこで，現代におけるまちの大きさの目安を得るために，大都市ではない一般市において，市役所が人口の中心にあるものと仮定して，そこを離れるに従って人口がどのように推移するのかを石川県下の市町村を使って示してみたい[3]．図1では，任意に選択した6つの団体の距離別人口の推移が示されており，共通して市役所周辺部（半径500m圏内）の人口密度が最大になっている．そこから，500m～1000m，1000m～1500mへとドー

ナツ型のゾーンが外縁になるほど人口密度が低下する姿をしているが，その減少のスピード（傾き）は，中心地の人口密度が高いほど早い（傾きが大きい）．そして2500m圏以遠の人口密度は，わが国の平均的な人口密度で安定する．ここで，2000〜2500mゾーンの人口密度の値を見ると，最も高いのがかほく市（図中×印），最も小さいのが輪島市（図中○印）であり，中心地の人口密度とは上下が入れ替わっているのは，外縁部の人口は中心地の人口密度とは関係なく，おおよそ全国平均の340人/km²になると考えれば，ごく自然なことであろう．

約2.5kmという距離の意味するところを考えてみると，私たちが不動産を購入する際の徒歩での距離表示は1分間に80mと仮定されており，

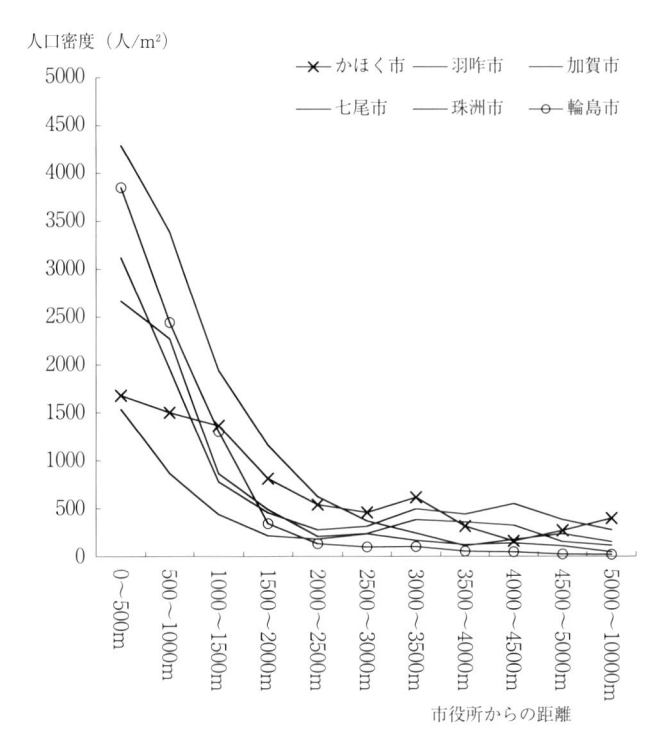

図1　市役所からの距離と人口集積

(注)　平成17年度国勢調査を用いて，横軸にある距離区分ごとに人口密度を算出した．

これを用いると 30 分で 2.4km という算段になる．すなわち，市役所から約 2.5km 以遠を外縁部と捉えるならば，それは徒歩で 30 分を超える地域という解釈になる[4]．

　伝統的な表現によれば，人口密度の高い中心地が都市，外縁部が農業集落といった位置づけになるが，都市と農業集落は人口密度は違いこそすれ産業・文化などを共有する地理的一体性を持っていることがある．近代を考えてみると，稲作であれ，養蚕であれ生産地と消費地は一致していないため，最寄りの消費地ないし物流拠点（おおくの場合は都市）へのアクセスが必要になり，交通路を塞ぐ山河など地勢的要因にも影響を受けつつ他の集落との関係性が築かれていく．こうした関連性を保持する「地域」は，最小単位としての集落（自然村）の膨張やそれらの結合などによって形成されるが，例えば産業の衰退などによって，一度ふくれあがった人口が減少に転じそれが続くならば，統合されていたはずの地域が集積を失うことで断片化されていく．現代のように人口の自然減が恒常化すれば，これに社会減が加わるよう地域では，中心市街地におけるシャッター街や，山間地における限界集落といった現象にもなる．こうした特性からして，産業・文化などを共有する面的な広がり（＝地域）は，社会の変化を通じて伸縮するものであることが理解されよう．

　これに対して，単なる行政上の区界は，社会的な連帯性を持たなくとも，地理的連続性だけを根拠として空間を切り分けることができる．アフリカ大陸の国境線はその一例であり，そこでは統治者（宗主国）の都合が優先され，ごく人為的に境界が作られている．わが国においても，明治期の大区小区制は，統治者が行政の効率化ないし統治の効率化を目指して行政区界を作成したものとされている[5]．ただし，社会的連帯を有する既成の「地域」を無視して行政区界を設ければ，統治されるものには違和が生じるため，統治者は既成の関係性を尊重して行政区界を再編することになる[6]．

　既成の関係性を尊重するとはいえ，統治者である国が市町村区界を再編

する以上，統治上のメリットが存在しているはずである．経済学が行政区界の再編に期待する効能は，(1) 規模の経済性と，(2) 外部性の内部化である．前者は，規模を拡大することで平均費用を引き下げるというもので直観的に理解されよう．後者の外部性の内部化とは以下のようなものである．埼玉県に居を構える一部の住民を「埼玉都民」などと呼称するのは，東京都という都市に包摂される生活を送りながらも，居住地が行政区界を超えて埼玉県に及んでいるという実態を示している．1つの地域から生じる便益があり，これを享受する主体には，その地域で提供される公共サービスについて費用負担を求めることが経済学的には望ましい．埼玉都民と呼ばれる人は，東京都が提供する公共サービスの受益者でありながら，都から住民税を課されることがないため無辜のフリーライダーとなってしまう．結果として，間接的に都民へ費用をつけ回す外部性が残されてしまっている．そうであれば，相互に関係性が強まっている地域の伸縮に合わせて行政区界を再編し，相互関係すなわち外部性の内部化を図ることが効率的な選択肢の1つとなる[7]．

第2節　昭和の大合併

　人為的な行政区界の再編作業であった平成の大合併の特徴を理解するために，過去の大合併と相対化する作法は有益であろう．地方財政学者による市町村合併にまつわる古典書ともいうべき島 (1958) では，「明治の大合併」について市町村合併とは町村問題であると喝破している．統治者たる国（とその出先機関たる県）は，被統治者たる市町村の行財政における規模の経済性の発揮と，自治体規模の均整化による統治の簡素化（効率化）のために，とりわけ人口の少ない集落（自然村）の統合を図ったため，明治の大合併は主として町村を対象としていた．島の論点の中では，合併のメリットとして外部性の内部化という視点が明示されない一方で，行政の効

率化の視点から規模の均整化という視点が加わっている．ここでは，外部性という視点の欠落を指摘した上で，本稿も島に倣って，規模の経済性と規模の均整化に注目したい．

　統治者の意図するように規模の経済性が発揮され，統治の効率化が促されるのであれば，それは好ましいことのように思われるが，島は，統治の効率化のために自治体を画一化することは問題であると主張する．価値の多様性を受け入れる民主主義の有り様からして，自治体の個性を没するような画一化を目指す国の姿勢の中に，統治者による強制という図式を見いだし危機感を強めるのである[8]．実際に，統治者による強制的とも言える過去の合併計画が，被統治者への配慮（例えば，地域としての一体性への配慮）が不十分であったため，合併後の自治体内で軋轢（自然村の解体もその1つ）が生じたとの指摘もある．昭和の大合併についてまとめられた『岩手県町村合併誌』（昭和32年3月）の序文には「今回の町村合併は，明治22年当時の町村合併とはその趣を異にし，あくまでも関係市町村の住民の納得を得て民主的に実施する」とあり，明治の大合併における問題の1つは，隣保団結の旧慣を存重することができなかった点にあると評価され，昭和の大合併では同じ轍を踏まないと謳われているのである．ここでの岩手県は，統治者として市町村合併を強く推進するものの，隣保団結の旧慣を尊重し，合併の組合せ（合併拒否を含む）は各市町村が決めても良いというスタンスなのである．

1　合併の効能

　統治者が市町村合併に期待する効能として「規模の経済性」と「規模の均整化」とを並置してきたが，両者は共存しうるものなのであろうか．経済理論からすれば，各自治体の住民が享受するまちからの便益が人口増によって限界的に逓減するとともに，人口増に伴って混雑などまちに住む機会費用が増加するものと設定すれば，最適な人口規模といったものを求めることができ，この最適な人口規模で市町村を均整化するというようなア

イデアがでる．ここをゴールと見定めたときには，規模の経済性と規模の均質性は同時に達成できる．

しかしながら，わが国の人口分布には地域的な偏り（人口密度に差）があるという現実を踏まえると，小さな面積で人口を確保できる都市がある一方で，山間地の団体で定められた人口規模を確保しようとすれば面積が広大になってしまう．このとき，面積が小さい団体ほど享受しやすい便益もあれば，面積が大きい団体ほど得られる便益もあろう．それらがちょうど相殺し合うような特殊なケースを除くと，面積の違いが私たちの便益曲線に違いをもたらす．図2では，面積の違いが住民の享受する便益に影響を与えるものとして3つの便益曲線（便益1，便益2，便益3）が描かれており，それぞれの便益曲線ごとに限界費用と限界便益が等しくなる最適な人口規模がP_1，P_2，P_3と与えられている．こうした状況下では，規模の経済性を追求して選び出される最適な人口規模は均整化しないのである．規模の経済性が導くゴールが規模の均整化に結びつかない状況であるならば，統治者は，規模の経済性と規模の均整化のいずれかに優先順位を付すことになる．これがここでの論点である．

岩手県と同様に東北地方に在する山形県がまとめた『山形県市町村合併誌』（昭和38年3月）の「町村合併基本方針」は，「全町村について広く国および都道府県全体の立場から考慮し，全般的に均衡のとれた町村の規模の適正化を図るべき・・・であるが，弱小町村を解消するために市に編入することが適当であると認められる場合には，町村と市の合併を考慮する」（320ページ）というものである．当時の広域自治体は統治者たる国の出先機関としての色彩を濃厚におびる組織であったことを鑑みると，統治者（国・県）の方針は，自治体規模を均整化させるという方針に基づき町村（小規模団体）に合併を促す一方で，市（都市的団体）の合併については，弱小町村を解消できるときにのみ許容されるとしており，規模の経済性を追求していなかったといえる．つまり，規模の均整化が最優先事項とされていたのである．

図2 最適な規模と規模の均質性

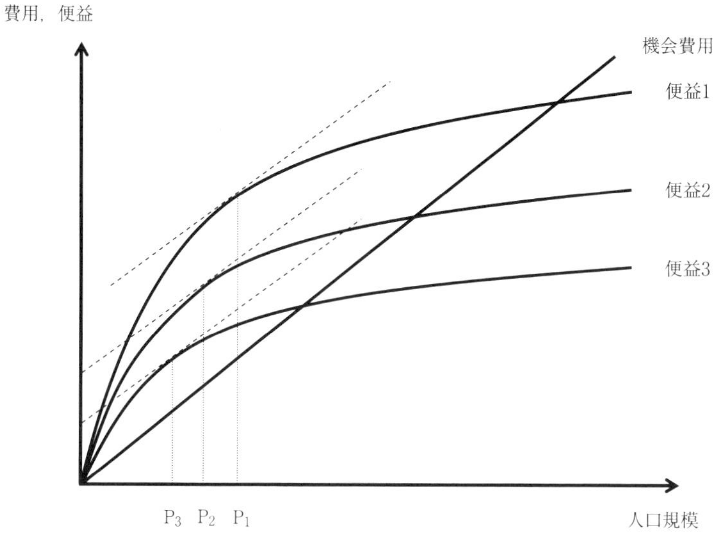

（注）補助線（破線）は機会費用と傾きが同じ直線であり，限界費用と限界便益が一致する点を示すためのもの．

2　岩手県の事例

　昭和の大合併にまつわる岩手県の史料（『岩手県町村合併誌』）を用いて，統治者（ここでは県）が規模の均整化を優先して市町村合併を推進していたことを定量的に示してみたい[9]．

　岩手県には，「明治の大合併」を経て市制町村制が施行された明治22年の段階で241の団体があり，このうち市制をしいていたのは盛岡市のみであった．その後，「昭和の大合併」が始まるまでの間に，釜石市，宮古市，一関市，大船渡市が市制となっている．岩手県には，これら市制の団体を含めて218団体が存在していた[10]．昭和の大合併にむけて岩手県が策定した合併計画（以下，県計画）は，これらを55団体へ再編しようとするものであったが，現実には昭和36年度末までに63団体へと再編されている．

当該時点で存在した5つの市に注目して県計画をみると，表1の最左列が示すように，盛岡市と大船渡市に合併は予定されていない[11]．釜石市は周辺2村，一関市と宮古市はそれぞれ周辺4村との合併が計画されていた．2列目にある「現実の合併」と県計画とを見比べると，合併が予定されていなかった盛岡市は周辺4村と合併しており，県計画が実態よりも過小だった（合併に消極的であった）ことを示している．釜石市についても県計画が2村との合併であったのに対して，現実が4村との合併であったことから，実態よりも計画が過小であったといえる．他の3市（大船渡市，一関市，宮古市）は，県計画と現実の合併結果とが一致している．これらのデータは，県計画が都市的な自治体の合併に消極的であったとの理解と整合的である．

これとは対照的に，県計画が町村の合併には積極的であったことを示す

表1 「昭和の大合併」にみる県計画と実際の合併

県計画の名称	現実の合併	市制町村制時（M22年）の自治体名	人口	面積
盛岡市（単独）	盛岡市	盛岡市	117,072	219.8
		巻堀村	4,821	53.2
		玉山村	9,367	336.7
		太田村	5,559	22.1
		簗川村	2,448	134.7
大船渡市（単独）	同左	大船渡村⇒大船渡市（昭和27年）	30,946	190.4
釜石地区	釜石市	釜石町⇒釜石市（昭和12年）	35,231	45.0
		甲子村	19,189	121.0
		唐丹村	4,023	81.3
		鵜住居村	6,197	65.7
		栗橋村	3,426	129.9
一関地区	同左	一関町⇒一関市（昭和23年）	36,269	87.6
		厳美村	6,140	191.9
		萩荘村	5,884	87.0
		舞川村	5,324	31.4
		弥栄村	2,517	20.4
宮古地区	同左	宮古町⇒宮古市（昭和16年）	39,255	127.4
		花輪村	3,703	81.1
		崎山村	1,533	25.3
		重茂村	2,429	72.8
		津軽石村	4,326	33.4

(出所)『岩手県町村合併誌』などより筆者作成．

ために用意したものが表2である．そこでは，県計画と実際の合併結果が
一致していないケースをすべて取り上げ，それらがどのように一致してい
ないのかを確認している．最右列の各セルには，県計画にある組合せが，
現実に合併した自治体の組合せよりも小さかったものに「×」，反対に，
県計画が示す組合せが，現実に合併した自治体の組合せよりも大きかった
ものに「○」を入れてある．また，県計画とは異なる判断を下した団体が
どのような意思決定をしたのかについては，2列目の自治体名の後ろに，
「合併せず」に単独を選択した（10団体）のか，「他団体と合併」した（9団
体）のかを併記している．

　表2の最右列を一見すれば○が多く，県計画が過大であり，実際の合併
が小規模に留まった事例が多かったことがわかる．例えば，表中の先頭行
にある下閉伊東北部地区と名付けられた県計画によれば，田野畑村と普代
村という2村の合併が計画されていたが，双方とも合併せずに単独で村制
を維持している．また，5つめにある紫波北部地区は，県計画では8村に
よる合併であったが，矢巾村（3村）と都南村（3村）という2つのグルー
プに分かれて合併している．

　ただし，紫波北部地区の例では，6つの村が2つに分かれて合併した後
に，2村が残されていたが，これらの団体は盛岡市へ編入されている．県
計画では，盛岡市の合併は予定されていなかったのであるから，盛岡市に
ついては県計画が潜在的な合併意欲をくみとらず，過小な合併計画を用意
したことになり，最右列には×が付されている．表2で×が付されている
もののうち，合併前から市制であった盛岡市と釜石市はもとより，合併後
に市制をしく遠野町（9667人，18.11 km²）と久慈町（10315人，18.48 km²）は，
当時としては人口密度が高い都市的な地域であったことを踏まえると，県
の合併計画が現実の合併よりも過小（表中×）になっているのは，主とし
て都市的団体なのである．

　表1と表2を合わせ考えれば，統治者である県の計画は，小規模団体の
合併には積極的（過大）な期待を表明する一方で，都市部の合併には消極

102　第Ⅱ部　ローカルガバナンスの発露に向けて

的（過小）な姿勢を示していたことが確認できる．これは，上限を抑えて下限を引き上げることになるので，県計画が，規模の経済性よりも，自治体の規模を均整化させることに高い優先度を付していたことの証左といえる．

表2　県計画と実際の合併とが一致しなかった団体

県計画の名称	昭和36年度末	自治体名（市制町村制時）	人口	面積	県計画が過大＝○，過小＝×
下閉伊東北部地区	田野畑村（合併せず）	田野畑村	5757	157.95	○
	普代村（合併せず）	普代村	3903	69.54	○
岩手西根地区	松尾村（合併せず）	松尾村	17371	239.98	○
	西根村（西根町, S36）	寺田村	4069	72.1	○
		大更村	6301	34.49	○
		田頭村	4278	40.3	○
		平舘村	3840	17.29	○
岩手南部地区	玉山村（合併せず）	玉山村	9367	336.65	○
	盛岡市（他団体と合併）	巻堀村	4821	53.24	盛岡市×
九戸東南部地区	久慈市（他団体と合併）	宇部村	4489	43.19	久慈市×
	野田村（合併せず）	野田村	5476	83.52	○
紫波北部地区	盛岡市（他団体と合併）	太田村	5559	22.12	盛岡市×
		簗川村	2448	134.66	盛岡市×
	都南村	乙部村	4260	53.55	○
		見前村	4020	9.76	○
		飯岡村	5643	26.93	○
	矢巾村	煙山村	5181	32.79	○
		徳田村	4741	15.61	○
		不動村	3910	18.65	○
上閉伊西南部地区	遠野市（他団体と合併）	綾織村	3600	57.82	遠野市×
		小友村	3135	103.38	遠野市×
	宮守村（他団体と合併）	鱒沢村	2445	44.1	宮守村×
上閉伊東北部地区	釜石市（他団体と合併）	鵜住居村	6197	65.67	釜石市×
		栗橋村	3426	129.94	釜石市×
	大槌町	金沢村	1670	110.69	○
		大槌町	16343	89.53	○
水沢地区	水沢市	羽田村	4269	12.35	○
		黒石村	3011	26.45	○
		佐倉河村	6700	20.73	○
		姉体村	3547	11.34	○
		真城村	4715	12.66	○
		水沢町	18924	11.71	○
	胆沢村	若柳村	7251	234.28	○
		小山村	8420	50.32	○
		南都田村	5401	16.66	○
西磐井北部地区	衣川村（合併せず）	衣川村	7589	163.23	○
	平泉町	長島村	4482	22.04	○
		平泉村→平泉町（S28）	6838	44.03	○

第 4 章　面積制約下の市町村合併　103

県計画の名称	昭和36年度末	自治体名（市制町村制時）	人口	面積	県計画が過大＝○、過小＝×
東磐井西部地区	大東町（他団体と合併）	猿沢村	3826	39.5	大東町×
	東山町	松川村	3651	20.31	○
		長坂村	4229	28.3	○
		田河津村	2547	39.47	○
東磐井中部地区	室根村	折壁村	4773	42.57	○
		矢越村	3091	23.12	○
	千厩町	奥玉村	4454	29.41	○
		小梨村	4545	28.98	○
		千厩村→千厩町（M31）	6834	15.64	○
		磐清水村	2075	15.15	○
	川崎村	薄衣村	5150	23.63	○
		門崎村	2972	18.91	○
	藤沢町（他団体と合併）	八沢村（他団体と合併）	3614	20	藤沢町×
二戸北部地区	金田一村（合併せず）	金田一村	6837	52.49	○
	福岡町	御返地村	4126	45.92	○
		爾薩体村	4034	46.05	○
		石切所村	4752	16.02	○
		斗米村	5007	75.13	○
		福岡町	6969	5.32	○
北上地区	江釣子村（合併せず）	江釣子村	7791	17.89	○
	北上市	鬼柳村	3062	10.37	○
		更木村	2529	11.9	○
		黒沢尻町	17682	24.91	○
		相去村	4994	26.84	○
		二子村	3679	9.83	○
		飯豊村	5355	24.21	○
		福岡村	3816	31.09	○
	和賀村（他団体と合併）	藤根村	4358	24.62	和賀村×
和賀西部地区	沢内村（合併せず）	沢内村	6658	287.37	○
	湯田村（合併せず）	湯田村	12024	304.77	○

（出所）『岩手県町村合併誌』より筆者作成．表中最右列の○印は，県計画が現実合併よりも大きかったもの．×印は県計画よりも現実の合併が大きくなったもの．

3　面積の制約

　県計画は自治体の規模の均整化を目指していたとしよう．規模の均整化といえば，まっさきに人口規模の均整化を想定しがちであるが，わが国のように人口密度が各地で異なる場合，人口規模を均整化しようとすれば，面積の均整化は図れない（人口密度が極めて小さい自治体同士を合併させれば，できあがった団体の面積は非常に大きくなる）．では，統治者として県が計画した合併案は，どの指標を均整化し，どの指標が均整化しないことを甘受

したのであろうか．

　昭和の大合併が小規模団体の統合による自治体規模の均整化に主眼をおいていた点に留意し，下位団体（＝底辺）の平均値を全団体の平均値に近づけるよう底上げすることを「均整化」であると定義し，引き続き岩手県のデータを使用してこの点を確認したい．

　表3では人口，戸数，面積，職員数，市町村税収，議会費，役場費という6項目ごとに全団体の平均値（上段3行）と，下位20団体を抽出した場合の平均値（中段3行）を求め，下位20団体の平均値を全団体の平均値で除した値（下段3行）を求めている．

　合併前の下位20団体の面積の平均値（合併前平均値，表3の中段の1行目）をみると，人口2009人，戸数306戸，面積9km²となっており，非常に小規模な団体の姿を想起できる．また，職員数が9名という姿は，当時の基礎的自治体の役割が非常に限定されていたことの現れでもある．もし，これらの団体が県計画の通りに合併した場合の値（県計画平均値，中段の2行目）をみると，下位20団体の平均値は人口が10,000人を超え合併前の5

表3　均整化の内実

	人口（人）	戸数（戸）	面積（km²）	職員数（人）	市町村税（円）	議会費（円）	役場費（円）
全団体							
合併前平均値	6,174	977	70	25	8,027	498	5,283
県計画平均値	24,470	3,909	277	98	31,671	1,965	20,846
合併後平均値	21,363	3,350	242	86	27,650	1,716	18,199
下位20団体							
合併前平均値	2,009	306	9	9	1,145	137	2,264
県計画平均値	10,832	1,592	157	37	7,932	714	9,539
合併後平均値	7,729	1,065	90	27	5,681	542	6,243
下位20団体／全団体							
合併前平均値	33%	31%	13%	38%	14%	27%	43%
県計画平均値	44%	41%	57%	37%	25%	36%	46%
合併後平均値	36%	32%	37%	31%	21%	32%	34%

（出所）『岩手県町村合併誌』などより筆者作成．

倍になる．その他の指標でも同様に 4 から 5 倍になるのに比して，面積だけは 157 km² となり合併前の 17 倍になる算段である．

次に，36 年末までに実現した合併の結果（合併後平均値，中段の 3 行目）をみると，下位 20 団体の人口の平均値は 7,729 人で合併前の約 4 倍となっている．面積は 95 km² で合併前の 10 倍になっている点を除くと，他の項目もおおよそ 3 から 4 倍である．県の合併計画では，多くの指標が合併前の 4〜5 倍を期待していたことと比べると，下位 20 団体（主として町村）における現実の合併は県計画よりも小さめだったことがここからもわかる．

表 3 の中心的な役割は，県がどのような尺度に基づいて下位団体の底上げを図ろうとしたのかを確認する点にある．そのために，全団体の平均値に対する下位 20 団体の平均値の割合が，合併前の段階で何％であり，県計画では何％が目指され，現実の合併で何％になったのかを比較しようというのが最下段である．なお，最下段の各値は，下位 20 団体の平均値÷全団体の平均値で求められる値なので，おのずから 1 より小さい値になる．

まず，合併前平均値（下段 1 行目）をみると，面積の小ささ（13％）と市町村税の少なさ（同 14％）とが際立っている．また，下位 20 団体の平均人口が全団体平均の 33％であることを踏まえると，職員数の値が 38％であること，役場費の値が 43％であるというのは，一人あたりで換算したときに，行政費用が相対的に割高になっていると解釈できる．

次に，「県計画平均値」をみると，下位 20 団体の平均人口は，全団体の平均人口の 44％にまで増加する．その一方で，職員数や役場費などの上昇は相対的には伸びが小さいため，合併前に比べると，一人あたり行政費用の割高感が無くなっている．その意味でまさに底上げになっている．なお，特筆すべきは面積の拡大であり，合併前は全団体の 13％に相当する大きさであったものを 57％相当まで引き上げようとしているのである．県計画は面積を引き上げることで散在するヒト・カネを集約し，その量的拡大による規模の経済性によって，自治体の内実を均整化（行政効率の改善も含む）しようとするものであったとみえる．

さて,「合併後平均値」(下段3行目)をみると,下位20団体の面積の拡大は,県計画ほどには進んでいない.それゆえ,ヒト・カネの均整化も抑えられるが,市町村税を除く項目の平均値は,全団体の35%前後の値にまでは至っており,合併前よりは当然ながら均整化(底上げ)が進む.自ら選ぶ合併の組合せは,面積の拡大に歯止めをかけつつ,そこそこに各指標を改善させるというバランスの取れたものとなっている.

住民にとってみれば,相互に人々の往来がある範囲でのみアイデンティティーを共有できるであろうから,新しい自治体の面積の広さは往来が可能な範囲にしたいと考えるであろう.統治者である県の計画は,規模の経済性や均整化のメリットを重視し,アイデンティティーの濃淡を軽視するため面積の拡大に寛容であるが,住民に近い存在である市町村の選択は面積の拡大を許容できないというのは直感に叶う結果である.つまり,市町村合併の目的が規模の均整化にせよ,規模の経済性にせよ,それら目的関数を最適化する際に,面積は制約条件ないしは費用要因として機能するのである.

第3節　平成の大合併

上位団体によって計画された合併が自治に対する統制であるとすれば,明治の大合併は統制の色彩が最も濃く,昭和の大合併はそれがやや薄くなり,平成の大合併は最もその色彩が薄いように思われる.もちろん,そうした感触は筆者だけのものではないであろうが,ここではこの点について考えてみたい.

前節では,昭和の大合併の事例から,上位団体である県の合併指針として2つの点を指摘した.1つめは,自治体規模の均整化を目指すために小規模団体の底上げに注力する一方で,都市部の合併には消極的であったというものである.2つめは,小規模な自治体を合併する際には,面積の拡

大（自治体間の関係性の希薄化）を許容しつつ，量的拡大による規模の経済性を目指していたという点である．

　翻って，篠山市（1999年）の誕生を端緒とする「平成の大合併」をみると，おおよそ10年をかけて，わが国の市町村数を約3200から約1700にまで減少させたが，政令指定都市を目指して周辺自治体を編入した自治体（堺市，浜松市，新潟市，熊本市，相模原市）や，中規模団体同士の合併で誕生した自治体（さいたま市，静岡市），各県で中心的な地位を占める県庁所在地における合併も数多く発生している．統治者としての国は，こうした大都市の誕生を許容していたというよりも，推進していたように思われる．例えば，これまで政令指定都市の指定に際しては，100万人を超える人口を有する（有しうる）ことを運用上の条件としてきたが，それを市町村合併した自治体に限っては運用上の条件を70万人にまで引き下げている．また，地方分権一括法が2000年より施行されたが，このタイミングで人口が20万人以上の自治体へ権限移譲する枠組みとして「特例市」という制度を設けている．権限移譲を受けるための昇格基準が手の届く範囲に降りてきた自治体からすれば，合併でさらなる規模を追求する動機を与えられたことになる[12]．

　都市部に対する市町村合併への動機付けが権限移譲というアメであったとすれば，小規模団体に対する市町村合併への動機付けにはムチが用いられた．わが国の地方自治体の多くは，国から交付される地方交付税によって財政の過半が補われている．この地方交付税の多寡を左右する要素の1つが「補正係数」であり，小規模団体への割増し（や大規模団体の割落とし）がこの係数によって実施されている．この補正係数が1990年後半から2000年代前半にかけて見直され，小規模団体であることで享受できた割増措置（メリット）を削減されたのである．こうした事態に直面した小規模な町村は，短期的には合併特例債による財源不足の補充と，長期的には行財政の効率化とを期待し，自治体としての独自性ないし独立性をなげうち，他団体との合併へと歩を進めたのである[13]．

表4は，財政指標と合併の諾否の関係を確認するために，2002年の財政力指数のデータが存在する3090団体を対象として，それらを財政力指数ごとにグループ分けし，2007年3月末までに合併したか否かを整理したものである．なお，合併に参加した団体のうち自治体コードに変更がなかった団体を「吸収した団体」と定義し，自治体コードが消失ないし変更された団体を「新設・編入された団体」と定義して区分している．吸収した側の団体にとっての合併は，自治を諦めたという表現には適さないと考え，表4では「新設・編入された団体」の割合を最右列に示している．表4の示すところによれば，財政力指数が0.5以下のグループでは約60%の自治体が合併に参加する一方で，財政力指数が0.5を超えると，財政力指数の増加に伴って合併に参加した「新設・編入された団体」の割合が低

表4 財政力指数と合併の関係

財政力指数	(1) 合併しなかった団体数	(2) 吸収合併した団体数	(3) 新設・編入合併された団体数	(1)+(2)+(3) 総計	(3)/[(1)+(2)+(3)] (3)の割合
0.1～0.2	108		222	330	67%
0.2～0.3	235	12	471	718	66%
0.3～0.4	156	30	335	521	64%
0.4～0.5	137	29	234	400	59%
0.5～0.6	140	52	136	328	41%
0.6～0.7	103	44	88	235	37%
0.7～0.8	104	49	50	203	25%
0.8～0.9	99	28	25	152	16%
0.9～1.0	48	20	16	84	19%
1.0～1.1	44	4	1	49	2%
1.1以上	61	4	5	70	7%
小計	1235	272	1583	3090	51%
東京都特別23区，1999～02年までに合併などをした団体				162	
			合計	3252	

(注) 財政力指数は2002年度の値を10倍し，小数点以下1位で四捨五入したもの．平成の大合併の端緒とされる1999年を基準年とし2007年段階の合併状況を整理した．なお，1999～02年までに合併した団体は2002年段階の財政力指数が存在せず，東京都特別23区も財政力指数は測定されていないため分析の対象外とし，定量分析の対象は3090団体となっている．

下している．つまり，財政力が乏しい自治体では，独自性の希薄化を許容して合併を選択する傾向が高まっていたのである．

アメとムチで市町村合併が誘導されたとすれば，平成の大合併は上位団体による統制の色彩が薄いという表現は不適切かもしれない．しかしながら，合併の組合せを市町村が自らで決定する裁量はかなりの程度まで認められていたのは事実である．また，昭和の大合併では抑制されていた都市部での合併にもアメが用意されたことで，「規模の均整化」という統治者目線の合併目的が後退し，統治者と被統治者の双方にとってメリットがある「規模の経済性」が相対的に前面に押し出された格好になっている．こうした力学の顛末すなわち平成の大合併の結果を以下で確認する．

1 合併前の面積

市町村が合併の組合せ（合併しない判断を含む）を自律的に選択することが許容される状況下にあって規模の経済性を目指すとき，市町村の意思決定はどのようなものになるのであろうか．表5では，均整化の定量的な特性を確認するために，合併前の自治体の面積が自治体の意思決定に与えた影響が整理されている．そこでは，合併前の面積が400 ㎢以下の団体は半数以上が合併したが，合併前の面積が400 ㎢を超えると，面積が増加するに従って合併への積極性が低下していくことが示されている[14]．こうした事情を踏まえると，面積の大きい自治体を多く抱える北海道で市町村合併が進みにくかったというのは当然のことかもしれない．平成の大合併以前に面積が最も大きかった北海道余市町（1408 ㎢），北海道別海町（1320 ㎢），福島県いわき市（1231 ㎢）などの団体は，平成の大合併に加わることなく，現在でも面積の大きな自治体の十傑に連なっているのである．

さて，400 ㎢というサイズが意味するところを20 km×20 kmの正方形として考えてみたい．わが国の自動車での旅行速度（表6）をみてみると，平地・山地では約40 km／hとなっているので，20 kmは約30分での移動距離に相当する．つまり，400 ㎢の1つの解釈は，自動車で30分内で移

動できる範囲という算段になる．ただし，都市部になると旅行速度は20km/hになるから，約30分での移動距離は10kmであり，自動車で30分の移動できる距離の範囲は100km²（＝10km×10km）と小さくなる．このことは，都市部で合併が進みにくかった要因の1つなのかもしれない[15]．いずれにせよ，市町村にとって自治体の面積は，市町村合併による拡大を制限する「上限」として働いているのである．

表5　合併の面積が合併の意思決定に与えた影響

合併前の面積 (km²)	合併しなかった団体数	合併した団体数	割合
0-20	189	206	52%
20-40	212	361	63%
40-60	158	302	66%
60-80	120	245	67%
80-100	86	189	69%
100-150	144	292	67%
150-200	86	154	64%
200-400	179	198	53%
400-600	46	27	37%
600-800	34	8	19%
800-1000	4	1	20%
1000-1250	5	1	17%
1250超	2	0	0%

（出所）西川（2009）より引用．2007.0331時点の団体数は1804団体である．上記の表は，面積がゼロ（田無市と保谷市は合併して西東京市となったため）の団体を除いている．また，政令市に含まれる行政区を除かれているが，東京都特別23区は合併せずに含まれている（このため，団体数は1804＋23区－西東京市で1826）．2001年4月1日から2004年3月31日の間に新設されたことなどでコードが変更されて欠値となる団体が35あるが，2000年データではこの点は関係ない．

表6　旅行速度

	一般国道（計）	地方道（計）	合計
DID	21.3	20.0	21.0
その他市街部	31.1	29.2	30.3
平地部	40.3	36.8	38.6
山地部	43.0	36.5	39.2
合計	36.7	33.6	35.3

（出所）国土交通省「道路交通センサス」（各年度）による平日値より作成．

2 合併後の面積

平成の大合併の後，市町村の行政区界がどのように再編されたのかを確認するため，市町村合併が最も進んだ広島県と大分県の白地図（図3）を用意した．広島県には，府中町に代表される広島市周辺のベッドタウンが合併せずに小さな面積を維持しているが，その他の団体の面積がおおよそ均整化された様子を見て取ることができる．大分県についても，図中左の山岳地帯を中心に町村面積の均整化を見て取れる．昭和の大合併における岩手県の例でも，合併後には，下位20団体（面積が県内で小さいほうから20位までの団体）の面積は，県内全団体の平均値の13％から37％にまで底上げされていたが，今回の合併では，都市的な地域の合併もすすめられたことで，すべての団体で面積の均整化が進む下地が用意されていた[16]．

合併後の面積の動向を全国的な視座から確認するものが表7である．表中の「合併参加数」とは，いくつの自治体が合併に参加し，新しい自治体を組成したのかを示したものであり，例えば，表7で合併参加数が「2」とあるものは，2つの自治体が合併した事例であり，合併後の自治体数でみれば207団体となり，合併前の自治体数でみれば414団体であったと読める．

図3　市町村の面積の均整化

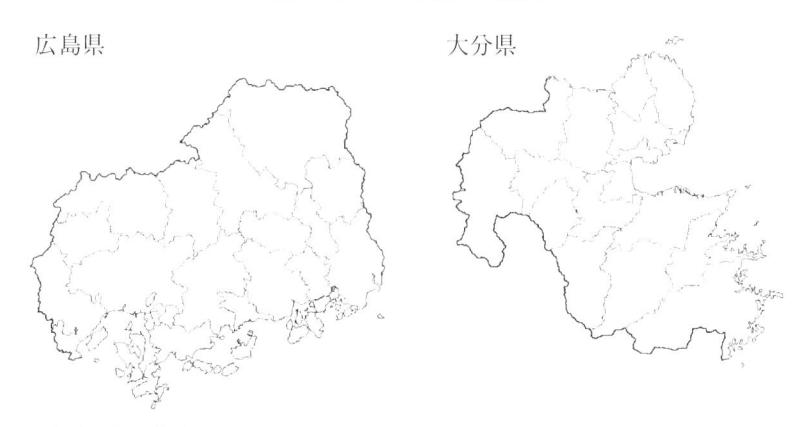

広島県　　　　　　　　　大分県

（出所）帝国書院HPより引用．

表7の全体を概観すると，平成の大合併は3つの団体によって新自治体を組成した事例が最も多く，その数は合併前の数で450団体になる（そこから150団体が生まれた）．また，合併参加数が3より多い事例には，政令指定都市を目指して合併した静岡県浜松市や新潟県新潟市，周辺自治体にすがられる形で広域な合併となった富山県富山市，さらには，長崎県の壱岐市，五島市，対馬市などのように島嶼地域がまとめて合併した事例なども含まれている[17]．

本題に戻り，合併後の面積をみると，その最大値は2179 km²である（10自治体が合併した岐阜県高山市）．第2位は1511 km²（静岡県浜松市），第3位は1450 km²（栃木県日光市）であるから，高山市の大きさは別格である．この高山市を除くと，表7が示すところは，合併に参加した自治体数には関係なく，最大値は1500 km²でおおよそ頭打ちである．合併後の面積が1500 km²となっているような自治体が都市部ではないとすれば，非都市的な地域（平地部，山地部）の平均旅行速度が40km/hであることを考えると，自動

表7 合併の組合せと合併後の面積

合併参加数 (A)	合併前の面積 (km²) 平均値	合併後の面積 (km²) 平均値	最大値	最小値	関係した団体数 (B)	合併後の団体数 (B)/(A)
合併せず	137	137	1408	3	1,265	1,265
2	118	235	1148	15	414	207
3	102	307	1388	13	450	150
4	99	396	1428	30	332	83
5	94	470	1450	109	255	51
6	96	578	1311	240	150	25
7	93	653	1247	202	112	16
8	86	686	1209	170	96	12
9	72	651	903	353	63	7
10	101	1013	2179	683	60	6
12	80	965	1511	420	24	2
14	69	973	973	973	14	1
15	52	726	726	726	15	1

（出所）表5に同じ．

車で1時間以内で移動できる範囲（1600 ㎢ = 40km×40km）が合併の最大値であったと読み取れる．自動車で30分で移動可能な範囲である 400 ㎢（20km×20km）を超える面積の自治体が合併に消極的であったことと比較すると，これら合併で面積が極限まで広がった自治体が失ったものは，生活者の連帯性の尺度で「片道30分の希薄化」に相当する．

また，平均値を議論することができる（サンプル数が10以上ある）合併参加数が8以下の事例をみる限り，合併後の面積の平均値は 700 ㎢ ほどで頭打ちである．この点からも，各自治体にとって，合併した自治体の数よりも，合併によって面積がどの程度まで広がるのかが重要であったと解釈できるのではないだろうか．

市町村合併には，規模の経済性というメリットがあるかもしれないが，現状を変えるというのは煩わしいものである．しかしながら，アメとムチとによって合併へと急き立てられた各市町村は，「面積の壁」をいわば制約条件としつつ，規模の経済性を最大化したというのが平成の大合併の一断面なのではないだろうか．

3　岩手県における変化

最後に，平成の大合併後（平成23年9月時点）の岩手県を取り上げ，昭和の大合併における県計画と比較してみたい．既に触れたように，岩手県は昭和の大合併時に218団体から63団体に再編されたが，平成の大合併を経てそれが33団体に至っている．

実際のところ，岩手県における平成の大合併は，相対的には劇的なものであり，平成の大合併後の各自治体は，昭和の大合併時の県計画における複数の地区の積集合になっているものが大半である．わずかな例外のみを示すために，かつての県計画とは異なる自治体のみ，表8の最右列に○印をつけた．その総数は10団体である．なお，○印の横の数字は1から5まであるが，例えば，「○」が付された衣川村（現奥州市）と平泉町（現平泉町）は，県計画では「西磐井北部地区」という同一の地域になっていた

ので，共通番号の「1」を加えて「○1」と表記している．

　昭和の大合併の時に策定された岩手県の計画では，合併不可能とされた団体が5つ（山形村，浄法寺町，大野村，滝沢村，田老町）あった．これらのうち滝沢村を除く4つの団体は，平成の大合併を機に合併ないし編入された．滝沢村は，かつては面積（約 180 km²）が大きいことや，人口集積（昭和の大合併時で約 9000 人）も一定の水準であったために他団体への編入が企図されなかったが，現在では盛岡市に隣接する地勢を活かして人口5万人を有する自治体となっており，単独村制を選択しても不思議はない．

　その一方で，当時の県計画では合併不可能と位置づけられてはいなかった団体のうち，野田村の場合は，久慈市に編入されている旧宇部村との合併（九戸東南部地区）が破談し，現在でも単独村制である．また，田野畑村と普代村の場合，県計画では両村の合併が勧奨されていたが，平成の大合併を経ても両村は単独村制である．

　自治体の規模の均整化は，統治するものにとっては効率的であるが，個別の自治体にとってみれば，面積の限界を超えてまでむやみに合併しないことは1つの選択肢になる．ただし，規模の経済性を発揮できない可能性も認めるべきかもしれない．表9は，平成の大合併を経て形成された行政区画に基づき，昭和の大合併時の人口（『岩手県町村合併誌』にある 1950 年の値）を再集計して併記したものである．

　岩手県内の総人口は，2010 年の 133.0 万人に対して，1950 年が 134.5 万人となっており，微減となってはいるがほとんど同じ人口である．このため，あたかも，この 60 年間の人口の奪い合いの結果，どのような人口配置になったのかを確認することができる．まずは，現在の行政区界に準じて 1950 年時点の人口を積算し，そこから 1950 年段階の人口密度を算出する[18]．また，現在の行政区界に準じて，1950 年から 2010 年までの間の人口の増加率を算出する．これらのデータを整理したものが表8である．

　この 60 年間に人口を増加させたのは6団体であり，そこには先述した滝沢村，盛岡市と北上市が含まれている．その他の3団体はやや耳慣れな

い紫波町，矢巾町，金ケ崎町なのであるが，これらのうち紫波町，矢巾町は，1950年代から人口密度が高かった内陸部の幹線沿いに位置し，人口の集積があるから，盛岡市や北上市などに編入されずにいるとの見立てもできよう．いずれにせよ，人口密度の高かった地域が人口を増加させていたという事実は，規模の経済性によるメリットが存在し，これがさらなる人口流入を促したとの解釈が可能であり，規模の経済性を発揮しない状況にあり続けることが自治体の盛衰に関係するのかもしれない．

表8 平成の大合併と昭和の大合併時の県計画の比較

自治体名 （平成23年9月末）	県計画の名称	自治体名 （昭和36年度末）	県計画とH23の不一致
一関市	一関地区	一関市	
	西磐井流地区	花泉町	
	東磐井西部地区	大東町	
		東山町	
	東磐井中部地区	室根村	
		千厩町	
		川崎村	
		藤沢町	
	東磐井南部地区	藤沢町	
	東磐井北部地区	大東町	
一戸町	二戸南部地区	一戸町	
遠野市	上閉伊西南部地区	遠野市	
		宮守村	
	上閉伊西北部地区	宮守村	
	上閉伊中部地区	遠野市	
奥州市	江刺地区	江刺町（江刺市，S33）	
	水沢地区	水沢市	
		丹沢村（丹沢町，S42）	
	西磐井北部地区	衣川村	○1
	胆沢南部地区	前沢町	
花巻市	花巻地区	花巻市	
	稗貫東部地区	大迫町	
	稗貫北部地区	石鳥谷町	
	和賀河東地区	東和町	
葛巻町	岩手東部地区	葛巻町	
釜石市	釜石地区	釜石市	
	上閉伊東北部地区	釜石市	○4
岩手町	岩手北部地区	岩手町	
岩泉町	下閉伊西南部地区	岩泉町	
	下閉伊北部地区	岩泉町	

116　第Ⅱ部　ローカルガバナンスの発露に向けて

自治体名 （平成23年9月末）	県計画の名称	自治体名 （昭和36年度末）	県計画とH23の不一致
久慈市	九戸中部地区	久慈市	
	九戸東南部地区	久慈市	○5
	合併不可能	山形村	
宮古市	下閉伊西部地区	川井村	
	下閉伊中部地区	新里村	
	宮古地区	宮古市	
	合併不可	田老町	
金ヶ崎町	胆沢北部地区	金ヶ崎町	
九戸村	九戸西部地区	九戸村	
軽米町	九戸西北部地区	軽米町	
山田町	下閉伊東南部地区	山田町	
紫波町	紫波南部地区	紫波町	
雫石町	岩手西部地区	雫石町	
住田町	気仙北部地区	住田町	
盛岡市	岩手南部地区	盛岡市	
	紫波北部地区	盛岡市	○2
		都南村	
	盛岡市	盛岡市	
西和賀町	和賀西部地区	沢内村	
		湯田村（湯田町，S39）	
大船渡市	気仙東部地区	三陸村（三陸町，S42）	
	大船渡市	大船渡市	
大槌町	上閉伊東北部地区	大槌町	○4
滝沢村	合併不可能	滝沢村	
田野畑村	下閉伊東北部地区	田野畑村	○3
二戸市	合併不可	浄法寺町	
	二戸北部地区	福岡町	
八幡平市	岩手西根地区	安代町	
		西根村（西根町，S36）	
	二戸西部地区	安代町	
普代村	下閉伊東北部地区	普代村	○3
平泉町	西磐井北部地区	平泉町	○1
北上市	北上地区	江釣子村	
		北上市	
		和賀（和賀町，S31）	
	和賀中部地区	和賀（和賀町，S31）	
野田村	九戸東南部地区	野田村	○5
矢巾村（矢巾町，S41）	紫波北部地区	矢巾村（矢巾町，S41）	○2
洋野町	九戸東北部地区	種市町	
	合併不可能	大野村	
陸前高田市	気仙南部地区	陸前高田市	

第4章 面積制約下の市町村合併 117

表9 現行の行政区界にみる今昔

	2010年	昭和の大合併時			(a)／(b)
	(a) 人口（人）	(b) 人口（人）	面積（km²）	人口密度	人口の増加率
盛岡市	298,348	153,190	857	178.8	195%
宮古市	59,430	75,744	1262	60.0	78%
大船渡市	40,737	41,589	326	127.4	98%
花巻市	101,438	102,495	905	113.3	99%
北上市	93,138	68,065	430	158.2	137%
久慈市	36,872	40,429	624	64.8	91%
遠野市	29,331	45,068	833	54.1	65%
一関市	127,642	170,465	1269	134.3	75%
陸前高田市	23,300	32,609	225	144.9	71%
釜石市	39,574	68,066	443	153.7	58%
二戸市	29,702	40,573	417	97.3	73%
八幡平市	28,680	47,852	864	55.4	60%
奥州市	124,746	138,999	1005	138.3	90%
雫石町	18,033	20,026	626	32.0	90%
葛巻町	7,304	14,142	437	32.3	52%
岩手町	14,984	20,744	354	58.6	72%
滝沢村	53,857	8,900	178	50.0	605%
紫波町	33,288	30,931	240	128.7	108%
矢巾町	27,205	13,832	67	206.3	197%
西和賀町	6,602	18,682	592	31.5	35%
金ケ崎町	16,325	14,442	168	86.1	113%
平泉町	8,345	11,320	66	171.3	74%
住田町	6,190	12,760	320	39.9	49%
大槌町	15,276	18,013	200	90.0	85%
山田町	18,617	23,679	262	90.4	79%
岩泉町	10,804	24,751	992	25.0	44%
田野畑村	3,843	5,757	158	36.4	67%
普代村	3,088	3,903	70	56.1	79%
軽米町	10,209	17,134	250	68.5	60%
野田村	4,632	5,476	84	65.6	85%
九戸村	6,507	9,120	137	66.4	71%
洋野町	17,913	22,024	296	74.3	81%
一戸町	14,187	25,073	301	83.3	57%
合計値	1,330,147	1,345,853	15,259		

まとめ

　経済学の視点からすれば，市町村合併の効能は，規模の経済性と外部性の内部化である．これに加えて，行政学の視点からすると，合併を通じて市町村の規模を均整化することができれば，行政を効率化（簡素化）することができる．これら3つの代表的効能のうち，伝統的な議論では，規模の経済性と規模の均整化とが論点とされてきた．そこで本稿では，外部性の内部化という視点が欠落していることを指摘した上で，規模の経済性と規模の均整化に注目した．

　規模の経済性と規模の均整化という政策目標はときに齟齬を来す．例えば，人口規模を均整化しようとすれば，人口密度が小さい自治体の面積は広大にならざるを得ず，その意味で均整とはいえないのである．では，統治者はいずれの目的を重視しているのであろうか．

　本稿では，岩手県の事例を用いて，昭和の大合併時における統治者としての県が策定した合併計画では，市町村の人口規模の均整化に第一の優先順位をつけていたことを定量的に指摘した．しかし，県計画が人口の均整化を目指して広大な面積を持たせた個別計画の一部では，県計画よりも小さい規模での合併の組合せ（合併拒否を含む）を市町村は選択していた．平成の大合併においても，面積が過度に大きくなりすぎることを忌避する自治体の行動様式を確認することはできた．市町村合併の目的関数が何であったとしても，それを最大化する際に面積の拡大が制約条件ないし費用の増加要因となっているのである．こうした現実は，被統治者ないし住民意思に近い判断を行うことが要請される市町村では，規模の均整化による行政上の効能を直接的には享受できないのであるから，むしろ，生活に直結する自治体としてのアイデンティティーの希薄化を重くみて，過度に広い新自治体になることを躊躇したと考えれば，合点のいくものである．

経済学における合理的意思決定主体は，限界的に得るものの価値が，限界的に失うものの価値に等しくなるように行動する．そうであれば，各市町村は，合併によって実現するメリットと，合併によって被る費用（アイデンティティーの希薄化など）が等しくなるように行動しており，合併後の面積の広さは，こうした合理的計算の結果を部分的には反映しているはずである．本稿は，こうした視座に基づく研究の予備的考察である．

＊ 本稿は，林正義氏（東京大学）と Weese, Eric 氏（Yale 大学）との共同研究の一部であるが，予備的考察を多分に含むため本稿の責任は筆者のみに帰される．

1) ちなみに，第四位が英国の 245 人/km² であり，だいぶ離れている．
2) お城のある（あった）まちの場合，県庁舎と市庁舎が城の内外にあり，城下のまち（これがシャッター街になっていることが多い）の外縁部にあたる徒歩で 15 分程度離れたところに駅があるという格好になっている．
3) 以下，本稿では，市町村，自治体，単に団体という表現を文脈によって使い分けるが同義である．
4) 図 1 中には含まれない石川県下の自治体のうち金沢市，白山市，小松市などは，人口推移のボトムが 2〜3km よりも大きく，2500m という境界は 1 つの類型といえるかもしれないが，これに当てはまらない例を挙げることは容易なのである．
5) 近年の研究の進展によって，こうした見解は不正確であったと認識されている（松沢，2009, p.47）．
6) 行政区界の変更には，行政区の統合（合併・編入）だけではなく，分割もありうる．近年の例としては山梨県上九一色村があり，分村してそれぞれが異なる団体に編入された．古い例では，北海道釧路市（かつての釧路区）のように，人口が集積する地区だけが分村した事例もある．後者のスタイルは，現在のわが国では想像し得ないが，アメリカでは郊外にある高額所得者が集まる地域が自治区を形成することがある（Kenny and Reinke, 2011）．
7) 外部性にまつわる古典的な例として以下のようなものもある．河川の氾濫を抑制するために上流にダムを作る場合，その主たる受益者は河川の氾濫が減少する下流の居住者となるが，ダム建設の実質的な負担者は生活環境の変わる上流の住民であるとする．このとき，上流の住民にダム建設の意思決定権があれば，ダムは建設されず，下流では河川の氾濫に悩まされることになる．反対に，下流の住民に決定権があれば，ダムは建設され河川の氾濫は抑制できるが，上流の住民は生活環境を変えられてしまう．ここでの例では，上流と下流のいずれの地域の住民が意思決定をするにせよ，他方へ不利益を与えてしまう（意思

決定の外部性）ため，これを是正する1つの方策は，両地域が1つの行政区を形成し，双方の地域の住民の事情を比較考量して必要な再分配を行うというものである．これが市町村合併を通じた外部性の内部化というプロセスに相当する．
8）大石（1961）によれば，地方自治制は地租改正，自由民権は国会開設とそれぞれ結びつけて考えられていたので，地方自治制と自由民権の関係性は当時は「目新しい視座」(p. 2) であった．島ら（1958）はこれを踏まえた視座に立つといえる．例えば，石川（2002）は村落の二重構造論のサーベイとなっている．
9）『岩手県町村合併誌』に掲載されている個別団体ごとのデータは，人口（昭和25年），戸数（昭和28年），面積，職員数（昭和28年），市町村税（昭和27年度決算額），議会費（昭和27年度決算額），役場費（昭和27年度決算額）の項目になっている．
10）岩手県は，昭和28年に独自調査を行っているが，この段階の市町村数を史料中の総括では220団体としているが，調査結果が残っている団体の数は218である．
11）盛岡市と大船渡市は合併勧奨を受けないという位置づけになるが，これら以外に，岩手県の計画では5町村（山形村，浄法寺町，大野村，滝沢村，田老町）が「合併不可能」とされている．昭和36年の段階で現実に合併しなかった団体数は，既述した5町村と大船渡市を含めて16団体であるから，合併に参加しなかった団体の割合は5％強（＝16/218）という計算になる．
12）統治者からすれば，既成の政令指定都市，中核市という枠組みに特例市が加わることで，自治体の多様化が進み，管理が難しくなるという見立ても可能である．しかしながら，小規模団体が都市的団体に吸収・編入されるとすれば，統治者にとって特別に配慮すべき対象が減少するというメリットがある．
13）宮崎（2008）は，1990年代末の補正係数の見直しは合併の増加に寄与しないものの，2000年代の補正係数の見直しは，合併へ動機付けになっていると定量的に評価している．
14）他方で，600 km²を超えるような面積を有する自治体で合併した団体には，静岡県静岡市（1146 km²），北海道静内町（801 km²），広島県広島市（741 km²），北海道阿寒町（739 km²），北海道八雲町（735 km²），青森県青森市（692 km²），秋田県田沢湖町（672 km²），岩手県遠野市（660 km²），京都府京都市（610 km²），北海道歌登町（606 km²）がある．これらのうち，広島市と京都市は，政令指定都市が周辺自治体を吸収合併した事例である．
15）図1に戻ると，そこでは市役所から徒歩で30分を超える地域（2500 m以上の地域）を外縁部（中心部に関係しない平準的な人口密度になってしまう地域）と解釈していた．徒歩で30分，自動車で30分という符合は，偶然ではなく「地域」というものを移動手段との関係性で議論するヒントが隠されているかも知れない．

16) 都市の中には，富山県の富山市，静岡県の静岡市と浜松市などのように，県内での面積の均整水準を超えて面積が顕著に拡大した例もある．
17) 島嶼地域では必然的に合併が進むというわけではない．例えば，淡路島は，淡路市，洲本市，南あわじ市の3つの自治体へと分かれた形で合併が進んだし，鹿児島県の奄美大島は，名瀬市，笠利町，住用村が先行して合併し奄美市となったものの，他の2町2村は合併から離脱した．北海道の利尻島（利尻富士町，利尻町）や鹿児島県の徳之島（徳之島町，伊仙町，天城町）は，合併に至ることができなかった一例である．
18) 2010年の一関市の値には，藤沢町の2010年人口を加えている．1953年のデータは『岩手県町村合併誌』によるものであるが，そこには，人口データとして1950年の値が掲載されている．

参 考 文 献

石川一三夫 (2002)．「村落二重構造論の形成と展開―研究史に関する覚書」『中京法学』37巻1・2号, pp. 101-250.

大石嘉一郎 (1961)．『日本地方財行政史序説』お茶の水書房．

島恭彦・宮本憲一・渡辺敬司 (1958)．『町村合併と農村の変貌』有斐閣．

松沢裕作 (2009)．『明治地方自治体制の起源』東京大学出版会．

宮崎毅 (2008)．「地方交付税と市町村合併―段階補正の見直しが合併に及ぼす影響を中心として―」HERMES-IR, No.239.

Kenny, Lawrence W. and Adam Reinke, 2011. "The role of income in the formation of new cities." Public Choice 149, 99. 75-88.

第 5 章

西多摩地域における行政規模の方向性

増 田 俊 一

は じ め に

　首都機能を担う東京の都市構造（行政機能，商業機能，居住機能など都市機能の配置）を見ると，その中心に中枢性の高い都心部が存在し，そこから放射状型に50キロにも及ぶ都市化された地帯（区・市）が連担し大きく広がっている．西多摩地域はその東京都の西部に位置し，基本的な都市機能を有するJR青梅線沿線の青梅市，福生市，羽村市，JR五日市線沿線の主要都市として都市機能が集積しているあきる野市，それらに隣接する瑞穂町や日の出町と国から過疎指定されている奥多摩町，檜原村の4市3町1村で構成されている．現在の西多摩地域の市町村の区域は，基本的には「昭和の大合併」を経て定まったものであり，その後の交通基盤の整備や交通・通信手段の飛躍的な発展などに伴い，住民の日常生活圏や経済圏は現在の市町村の区域を越えて拡大している．したがって，これらのことから生じる広域行政として処理すべき共通問題が幅広く存在し，地方分権を進める上での行政区域の再編，いわゆる「合併」という問題を抱えている．西多摩の合併，いわゆる「西多摩をひとつに」するには，私の修士論文「西多摩地域における行政規模に関する研究」(2011)に記したように，公共政策の基本が「住民自治」であることから，4市3町1村の歴史，住民感情を配慮しつつ，「協働」という取り組みのできる自治力を持つ住民の

人材育成がもっとも大切なことであり、それを公的に保障することが重要である。このことを踏まえて、①国の受け皿としての地方分権への対応、②住民の受け皿としての生活圏・経済圏への対応、③社会の受け皿としての少子高齢化への対応、④基礎自治体としての行政体制の整備、⑤西多摩をひとつにする効果、⑥社会教育行政の重要性、⑦新しい地域社会のしくみの必要性などについてさらに掘り下げ、知見を広めていかなければならないと考える[1]。

本章では、そのはじめとして、東京都総務局の人口に関する各種データを中心に西多摩の将来人口を推計し、「少子高齢化」が進み「人口増加社会」から「人口減少社会」へと移り変わっていく西多摩の長期的変化を予見する。

第1節　人口の推移

人口変動は出生の分だけ増加し死亡の分だけ減少する自然増加と、人口移動（流入・流出）による社会増加の要因によって決まる。人口移動は就業や就学、婚姻、住宅事情等の社会的事情によって発生することを鑑み、〈図表1、2〉の折れ線グラフがたどる大きな変化（傾向）から、東京都と西多摩地域の人口推移を5つ（第1期～第5期）に分け、人口変動との関わりを検証してみる。

①第1期　東京への人口集中

第1期の明治5年～昭和15年の68年間では、東京都の人口は約650万人（年平均9.6万人）増えている。明治5年頃の人口は86万人だったが、その後、明治26年に神奈川県から西多摩郡（現在の西多摩4市3町1村）、南多摩郡、北多摩郡（現在の市郡部）が編入され人口は136万人となった。明治39年頃には全国的に鉄道が発展し、農村から都市への人口移動が盛

第5章　西多摩地域における行政規模の方向性　125

図表1　東京都の人口推移

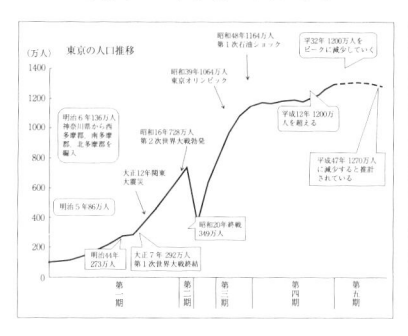

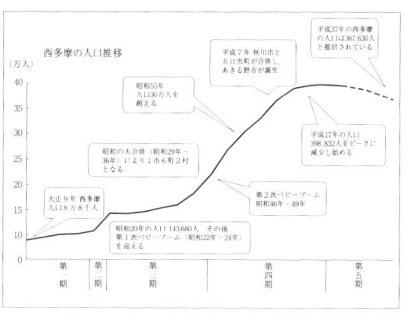

図表2　西多摩の人口推移

（出典）東京都の人口推計より編集　　（出典）東京都の人口推計より編集
※赤い点線（平成23年～平成47年）の部分は将来推計．国立社会保障・人口問題研究所『日本の市区町村別将来推計人口』（平成20年12月推計）より編集

図表3　全国の人口推移

図表4　埼玉・千葉の人口推移

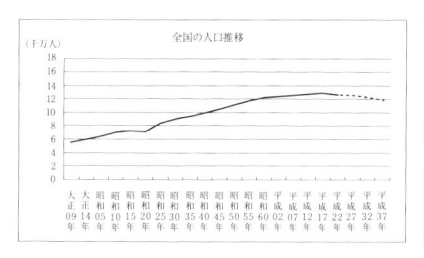

（出典）東京都総務局データより編集　　（出典）東京都総務局データより編集

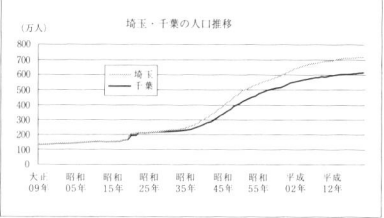

んに行われ，とくに，図表1で見てとれるように第1次世界大戦終結後は重工業が飛躍的（京浜工業地帯の出現）に発達し，都心部への人口集中はさらに大きくなっている．一方，西多摩の人口は大正9年～昭和15年の20年間では，1.8万人の微増と殆ど変化はない．因みに，都心から50～70km圏に位置する埼玉県・千葉県の人口も，図表4に見られるようなわずかな増加（埼玉県26万人，千葉県23万人）となっている．西多摩地域の人口の微増は自然増加によるものと考えられ，当時の西多摩地域がまだ都市化されておらず農業社会であったことを示している．

②第2期　第2次世界大戦による人口減少期

　第2期の昭和16年～昭和20年は，第2次世界大戦の5年間で東京都の人口（図表1）は380万人急減している．東京大空襲により三度焼け野原となり，戦争が終結した昭和20年には東京都の人口は戦災や疎開のため349万人と半分以下になっている．全国の人口推移（図表3）を見ても，この時期だけ減少しており第2次世界大戦による一時的な人口減少期ということができるが，都心との鉄道網や道路網が整備されている西多摩地域（図表2）や埼玉県・千葉県（図表4）の人口は，疎開先として一時的に急増している．

③第3期　第1次，第2次ベビーブームと高度経済成長期

　第3期の昭和20年～昭和50年の30年間，東京都の人口は約820万人（年平均約27万人）増えている．戦後復興の中で再び成長し続け，昭和37年には1000万人の大台に乗せている．その背景には，昭和22年～昭和24年の「第1次ベビーブーム」，昭和46年～昭和49年の「第2次ベビーブーム」と昭和25年に起きた朝鮮戦争による「特需景気」から「第1次石油ショック」までの「高度経済成長期」がある．東京都の人口は，昭和30年には804万人になり，終戦後の10年で455万人も増えている．昭和37年には1000万人を超え，世界初の一千万都市となった．この後，第1次ベビーブーム世代（昭和22～24年生まれ）が進学や就職の時期を迎え，大量に移動してきたことから，5年後の昭和42年に1100万人を超え，第1次石油ショック後の昭和49年には1165万人となり，この約30年間で東京都の人口は急激に増加している．西多摩地域の人口は，図表2に見られるように昭和40年頃まではゆるやかな上昇カーブとなっているが，その後は東京都のように急激なカーブで上昇し続けている．この背景には「東京一極集中」を加速させた昭和37年からの国の施策，「全国総合開発計画（一全総～四全総）」[2]があるが，西多摩地域の羽村市は昭和37年に首都圏整備法による市街地開発区域の指定を受け，青梅市は昭和41年の第

4次首都圏基本計画により業務核都市に指定されたことから多くの工場が進出してきており，その働き手の人口流入（社会増加）などによるものと考えられる．

④第4期　東京一極集中と少子高齢化社会

第4期の昭和50年～平成17年の30年間，東京都の人口は138万人の増（年平均4万人）と，区部の人口が減少し始めたことにより急激にゆっくりとなっている．昭和30年に始まった都心3区（千代田，中央，港）の人口減少は周辺の区にも広がりを見せ，

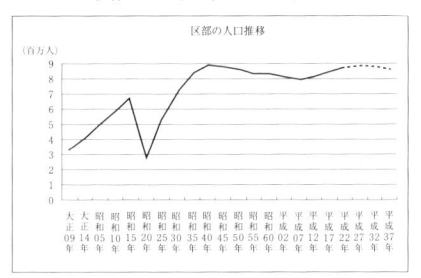

図表5　区部の人口推移

（出典）東京都資料より編集

区部の人口（図表5）は昭和41年の889万人から平成8年には796万人となり，800万人を割っている．一方，西多摩地域では，第3期の後半にあたる昭和40年（182,415人）から第4期の終わりの平成17年（398,832人）までは，これまでに見られない急激な増加カーブ（2.2倍の増）を描いているが，平成17年をピークに減少に転じている．平成22年には392,447人となり，今後もゆるやかではあるが減少し続けると予測されている．

現在では，東京の都市構造は中枢性の高い都心部（千代田，中央，港の3区）を核に放射状に広がる連担した地域（区・市町村）で構成されており，都心部には政治・経済・文化のあらゆる諸機能が集中し，人口・経済活動が外延化している．西多摩地域の市町村は東京都を構成する基礎自治体（都心部から50～70 kmの都市圏）であることから，様々な影響を受け，都心部・多摩地域（西多摩地域を除いた22市）と社会的・経済的に一体性を有しているが，そこには社会経済的基盤（社会的インフラ）上の格差が存在することも確認されている[3]．

⑤第 5 期　少子高齢化の進展による人口減少社会

　国立社会保障・人口問題研究所による将来予測では，東京都の人口は平成 22 年から平成 27 年の間は少しずつではあるが増加し続けていくが，平成 27 年の 1,308 万人をピークに減少に転じ，平成 37 年には 1,268 万人となる．一方，西多摩地域では平成 17 年の 398,832 人をピークに減少し始め，平成 37 年には 368 千人となる．平成 17 年～平成 37 年の 20 年間では約 3 万人，ゆるやかに減少していき，東京全体よりもいち早く「人口減少社会」に突入すると予測されている．

　ここで世界の動きを見てみると，このほど発表された国連人口基金 (UNFPA) の 2011 年版「世界人口白書」によれば，この平成 23 年 10 月 31 日には世界の人口が 70 億人を超えると推計している．また国連の 5 月リポートでは，世界の人口は平成 62 年までに 93 億人に達し，今世紀の終わりには 100 億人を突破すると予測．おもに人口はアジアとアフリカで増え，アメリカ大陸，欧州，オセアニアの人口は平成 72 年に 20 億人に近づいた後は，徐々に減少に転じると報じている．また現在，60 歳を超える高齢者の人口は 8 億 9300 万人（全体の 13％）だが，平成 62 年までには約 3 倍の 24 億人（同 26％）に増えると予測しており，世界が前例のないチャレンジとして「高齢化」を課題としてあげている．

　一方，日本の将来人口は，国立社会保障・人口問題研究所公表の「日本の将来推計人口（平成 18 年 12 月推計）」によると，平成 37 年に 1 億 2 千万人（1 億 1900 万人）を割り込み，更に 30 年後の平成 67 年には，現在よりも約 3,700 万人減少して，8,993 万人になると推計している．平成 23 年の人口構成は，0 ～ 14 歳が 12.8％，15 歳～ 64 歳が 63.8％，65 歳以上の高齢者が 23.4％となっているが，その平成 67 年の人口構成では，0 ～ 14 歳が 8.4％（対 66％），15 歳～ 64 歳が 51.1％（対 80％），65 歳以上の高齢者が 40.5％（対 173％）と推計している．なお，昭和 49 年以降，日本の出生率は人口置き換え水準 (2.08) を下回っており，平成 17 年に戦後初めて日本の総人口が自然減少する．西多摩地域も平成 17 年から人口が減少して

いるが,東京全体では 10 年後の平成 27 年と推計されている.

本稿では,一般的に分類される高齢化率（65 歳以上の人口が総人口に占める割合）が 7%〜14% の範囲を「高齢化社会」,14%〜21% を「高齢社会」,21% 以上を「超高齢社会」と呼び,「少子化社会」については,合計特殊出生率が人口置き換え水準（2.08）を下まわり,0〜14 歳の数が 65 歳以上（高齢者）の数よりも少なくなった社会を「少子社会」と呼ぶ[4].

第 2 節　西多摩地域の人口構造の変化

図表 6 のグラフのように,経済が発展し,保健衛生や生活環境全般が整備されるにつれて,人口は「多産多死」から,「多産少死」を経て,「少産少死」へと変化し,人口総数の増減もなく各年齢の人口数も不変の安定的な状態へと変化することが「人口転換」として経験的に知られている.平成 17 年からの人口減少は,これまでの一時的なものとは異なり,長期的な人口減少局面に入った可能性が高い点できわめて重要である（磯田,2003）と指摘しているように,急速な「多産」から「少産」への移行により,出生率の大幅な低下と低い水準が今もなお続いている.また,死亡率も昭和 54 年の 6.0% から平成 21 年の 9.1% と上昇傾向にあることから,

図表 6　日本の出生数及び合計特殊出生率の推移と死亡数及び死亡率の年次推移

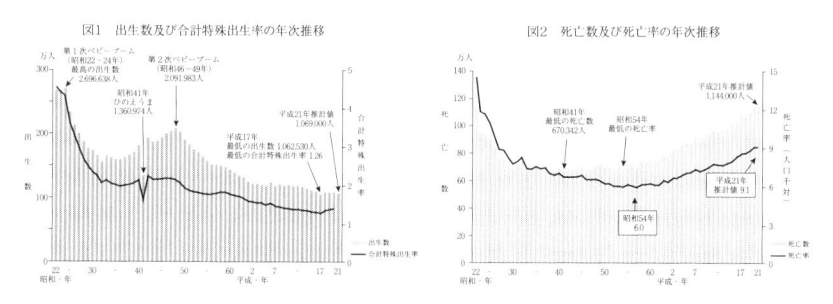

（出典）厚生労働省「人口動態統計」より

少子高齢化が進むにつれ,「少産少死」から「少産多死」の形態が西多摩地域にも現れてくると考えられる.

次に,下記の《図表7》から,国・東京都・西多摩地域の年齢3区分別人口の割合(少子高齢化の進み方)を見てみる.

図表7 国,東京都及び西多摩地域の年齢別人口割合

全 国	平成7年	平成12年	平成17年	平成22年	平成27年	平成32年	平成37年
0～14歳	16%	15%	14%	13%	12%	11%	10%
15～64歳	69%	68%	66%	64%	61%	60%	59%
65歳以上	15%	17%	20%	23%	27%	29%	30%
平均年齢	39.6齢	41.4齢	43.3齢	45.1齢	46.8齢	48.3齢	49.7齢

東京都	平成7年	平成12年	平成17年	平成22年	平成27年	平成32年	平成37年
0～14歳	13%	12%	11%	11%	11%	10%	9%
15～64歳	74%	72%	69%	68%	65%	65%	65%
65歳以上	13%	16%	18%	21%	24%	25%	26%
平均年齢	39.5齢	41.2齢	42.8齢	44.2齢	45.7齢	47.2齢	48.6齢

西多摩	平成7年	平成12年	平成17年	平成22年	平成27年	平成32年	平成37年
0～14歳	17%	15%	14%	13%	12%	11%	9%
15～64歳	72%	71%	68%	65%	60%	58%	57%
65歳以上	11%	14%	17%	22%	28%	31%	33%
平均年齢	37.6齢	40.0齢	42.2齢	44.2齢	47.3齢	49.3齢	51.1齢

(出典)東京都資料ほかより編集

①将来,生産年齢人口の割合は西多摩地域が一番低くなる

平成7年の生産年齢人口(15～64歳)の割合は,東京都(74%)が一番高く,次に西多摩地域の72%,全国が69%であったが,平成22年になると東京都が6ポイント減の68%に,西多摩地域が7ポイント減の65%に,全国が5ポイント減の64%と大幅な低下となっている.将来予測の平成37年の生産年齢人口(15～64歳)の割合は,全国が5ポイント減の59%,東京都が3ポイント減の65%,西多摩地域は8ポイント減となり57%と一番低くなると推計されている.

②将来，西多摩地域の年少人口の割合は東京都と同じになる

次に，平成7年の年少人口（0〜14歳）の割合は，西多摩地域が17％，全国が16％，東京都が13％と，西多摩地域が東京都と比較すると4ポイントも高い．現在の平成22年の年少人口（0〜14歳）の割合は，西多摩地域と全国が同じ13％となり，東京都が11％となっている．将来予測となる平成37年の年少人口（0〜14歳）の割合は，全国が10％，西多摩地域と東京都が10％を割り込み，同じ9％になると推計されている．

③将来，老年人口の割合は西多摩地域が一番高くなる

平成7年の老齢人口（65歳以上）の割合は，西多摩地域が11％，全国が15％，東京都が13％と，西多摩地域が全国と比較すると4ポイント，東京都よりも2ポイント低い．平成22年になると，全国が23％，東京都が21％と8ポイント増となったが，西多摩地域は11ポイントも高くなり22％に急上昇している．将来予測となる平成37年では，東京都が26％の5ポイント増，全国が30％の7ポイント増と推計されているが，西多摩地域は11ポイントの大幅な伸びとなり33％になると推計されている．

ここで整理して西多摩地域を見てみると，将来の西多摩地域の年少人口の割合は平成7年の約半分（17％→9％）に縮小し，東京都と同じ水準になる．生産人口は，国（69％→59％）や東京都（74％→65％）と比べると，西多摩地域は（72％→57％）になり，15ポイントの大幅に縮小すると推計されている．また平成7年と比べると老齢人口の割合が3倍（11％→33％）に拡大することになる．つまり，将来，西多摩地域の年少人口の割合は国・東京都とほぼ同じ水準になり，生産年齢人口の割合は西多摩地域が一番低く，老年人口の割合は逆に一番高くなることになる．

このように，西多摩地域における「少子高齢化」の進み方が早いのは，出生率の変化以外の人口移動（転入・転出）によるものと思われる．背景としては，一般に出生率は農村で高く都市では低い傾向があるが，西多摩地域は東京圏内に位置することから都心部の影響を受け都市化が急速に進

行してきていると考えられる．また日本は平成9年に「少子社会」に，東京都は平成8年に，西多摩地域は概ね5年遅れの平成14年に「少子社会」に突入しており，少子高齢化の原因は国・東京都・西多摩地域とも出生数が減り，一方で，平均寿命が延びて高齢者が増えているためと考えられる．

④西多摩地域の出生及び死亡の変化

　合計特殊出生率は人口の増減を予測するための指標の1つであるが，子どもを産まないか，少なく産むか，多く産むかといった女性の生活の質を測る尺度でもある．したがって，保健，教育，経済的機会など様々な要因と関連していることから，1人の女性が産む子どもの数はそれぞれの国や地域の状況に影響されると云われている[5]．

　このことに関連して中央大学細野助博教授は，「人口減少時代を迎えて，地方がますます疲弊している．人口は職を求めて移動するからだ．人口増加には婚姻率の高い地域で出生率を高める支援策と産業政策が有効だ．大都市では住と子育ての機会費用が地方に比べて高く，そのことによる晩婚化と共稼ぎが出生率にマイナスに働き，人口再生産にとって高いハードルとなっている」と分析している[6]．

図表8　国，東京都及び西多摩の合計特殊出生率の推移

	平成7年	平成8年	平成9年	平成10年	平成11年	平成12年	平成13年	平成14年	平成15年	平成16年	平成17年	平成18年	平成19年	平成20年	平成21年
全　　　国	1.42	1.43	1.39	1.38	1.34	1.36	1.33	1.32	1.29	1.29	1.26	1.32	1.34	1.37	1.37
総　　　数	1.11	1.07	1.05	1.05	1.03	1.07	1.00	1.02	1.00	1.01	1.00	1.02	1.05	1.09	1.12
区　　　部	1.02	1.03	1.01	1.00	0.98	1.00	0.97	0.98	0.96	0.96	0.95	0.98	1.01	1.04	1.06
青　梅　市	1.55	1.52	1.46	1.45	1.36	1.41	1.34	1.32	1.31	1.31	1.18	1.24	1.27	1.28	1.30
福　生　市	1.54	1.50	1.50	1.45	1.32	1.38	1.40	1.35	1.41	1.34	1.40	1.31	1.36	1.45	1.37
羽　村　市	1.48	1.54	1.50	1.45	1.44	1.41	1.41	1.49	1.38	1.32	1.34	1.41	1.46	1.51	1.51
あきる野市	1.38	1.38	1.40	1.37	1.32	1.31	1.33	1.31	1.25	1.46	1.35	1.39	1.41	1.29	1.42
瑞　穂　町	1.49	1.42	1.34	1.44	1.17	1.41	1.26	1.21	1.29	1.22	1.29	1.24	1.10	1.21	1.12
日の出町	1.36	1.14	0.88	1.10	0.77	0.95	0.95	0.85	0.88	0.79	0.88	1.09	0.92	1.19	1.28
奥多摩町	1.11	1.19	1.22	1.13	0.99	0.85	0.98	1.34	0.75	0.91	0.88	0.64	0.87	0.90	0.59
檜　原　村	1.13	1.78	1.30	1.47	0.97	1.22	0.78	1.27	0.89	0.48	1.15	1.19	1.01	0.62	1.38

（出典）東京都資料ほかより編集

これらのことを西多摩地域に置き換えてみると，西多摩地域は都心に住むことなく大都市東京へ約1時間という通勤圏内にある．平成21年合計特殊出生率の東京都ランキングでは，羽村市の合計特殊出生率（1.51）が第1位，あきる野市（1.42）が第3位にランクインされ，檜原村（1.38）と福生市（1.37）も上位にあることから，都心に比べれば住と子育ての環境は良いといえる．だが，基本的には結婚し家族を構成する中で人口や世帯も増加すると考えるが，年少人口や生産年齢人口が減少していることは地域経済活力の低下を招くことに繋がるので，婚姻件数や出生件数の減少の要因を考える必要がある．

⑤将来，「少産少死」から「少産多死」の西多摩地域に

 そこで，西多摩地域の人口構造の変化を下記の《図表10　西多摩人口ピラミッド》で見てみると，第1次ベビーブーム（昭和22～24年）生まれと，第2次ベビーブーム（昭和46年～49年）生まれの2つの世代に膨らみがあり，出生数の減少で若い世代の裾が狭まっているのが見てとれる．また，平成24年には第1次ベビーブーム世代が高齢者の仲間入りをするため，「少産少死」から「少産多死」の形態が西多摩地域にも現れてくることになる．これは《図表9》の西多摩の出生数と死亡率の推移を見ても明らかなように出生率の低下とともに高齢化が加速し，死亡率が上がるためで，高齢化が進むことにより死亡率の高い高齢者が増え，また出生率が下

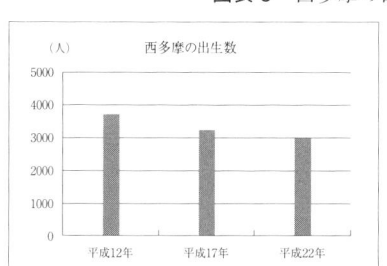

図表9　西多摩の出生数と死亡率の推移

（出典）東京都資料ほかより編集　　　（出典）東京都資料ほかより編集

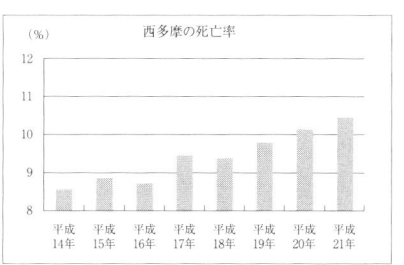

がることにより，死亡率の分母である人口が減少することが原因ではないかと考える．

図表10　西多摩人口ピラミッド

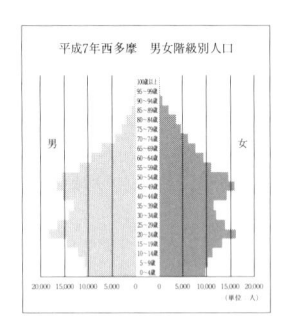

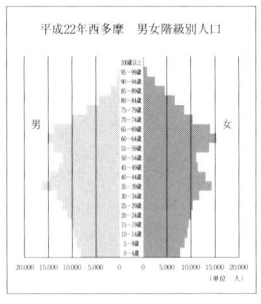

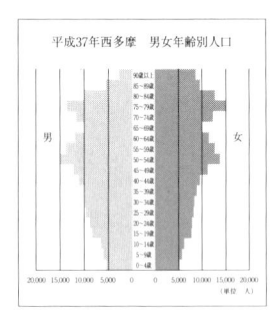

平成7年

	西多摩階層別人口ベスト6		
	年齢階層	(人)	対総人口(%)
第1位	20～24歳	34,448	8.9%
第2位	45～49歳	32,554	8.4%
第3位	25～29歳	30,406	7.9%
第4位	50～54歳	30,142	7.8%
第5位	40～44歳	29,613	7.7%
第6位	15～19歳	27,987	7.3%

平成22年

	西多摩階層別人口ベスト6		
	年齢階層	(人)	対総人口(%)
第1位	35～39歳	31,064	7.9%
第2位	60～64歳	30,380	7.7%
第3位	55～59歳	28,080	7.2%
第4位	65～69歳	27,924	7.1%
第5位	40～44歳	27,923	7.1%
第6位	30～34歳	25,921	6.6%

平成37年

	西多摩階層別人口ベスト6		
	年齢階層	(人)	対総人口(%)
第1位	50～54歳	28,896	7.9%
第2位	75～79歳	28,347	7.7%
第3位	55～59歳	26,421	7.2%
第4位	70～74歳	23,915	6.5%
第5位	60～64歳	23,469	6.4%
第6位	45～49歳	23,444	6.4%

（出典）東京都資料ほかより編集

おわりに

　本稿においては，西多摩の将来人口を推計し，「少子高齢化」が進み「人口増加社会」から「人口減少社会」へと移り変わっていく西多摩の長期的変化を予見してきたが，結果として次のようにまとめられる．

①一般に，人は年齢に応じた人生の出来事をきっかけに住む場所を変えることが多いと云われている．たとえば，進学，卒業，就職，転勤，結婚，出産，子どもの独立，離婚，退職，配偶者の死などである．西多摩地域は，終戦後（第2次世界大戦）の疎開先として，都心部などからの人口流

入（社会増加）により一時的に人口が急増したが，まだ都市化されておらず農業社会であった．

② 「東京一極集中」を加速させた昭和37年からの国の施策，「全国総合開発計画（一全総〜四全総）」の首都圏整備法による「市街地開発区域」の指定を西多摩地域の羽村市が受け，昭和41年には青梅市が首都圏基本計画による「業務核都市」に指定されたことなどから多くの工場（工業団地）が進出し，西多摩地域にも人口流入（社会増加）が加速し都市化の波が押し寄せた．

③ 西多摩地域は，都心部・多摩地域（西多摩地域を除いた22市）と社会的・経済的に一体性を有していることが再確認されたが，社会経済的基盤（社会的インフラ）上の格差が存在することも確認される．

④ 将来の西多摩地域の人口構造を全国・東京都と比べると，西多摩地域の年少人口の割合は国・東京都とほぼ同じ水準になり，生産年齢人口の割合は西多摩地域が一番低く，老年人口の割合は逆に一番高くなる．西多摩地域における「少子高齢化」の進み方が早いのは，出生率の変化以外の人口移動（転入・転出）によるもので，その背景には都市化が急速に進行してきたことがあげられる．また日本は平成9年に「少子社会」に，東京都は平成8年に，西多摩地域は概ね5年遅れの平成14年に「少子社会」に突入している．少子高齢化の原因は国・東京都・西多摩地域とも出生数が減り，一方で，平均寿命が延びて高齢者が増えているためであり，将来，「少産少死」から「少産多死」へと人口転換するものと考えられる．

⑤ 西多摩地域は，平成17年から人口が減少へと転じているが，東京全体では10年後の平成27年と推計されていることから，東京全体よりもいち早く「人口減少社会」に突入することになる．

「人口減少社会」の中での人口減少問題は日本全国各地の問題であるが，とくに日本の首都機能を担う東京の「都市圏」に位置する西多摩地域にはどのような影響を及ぼすのか，他の地方との違いは何かを明らかにし

なければならない．また，今，西多摩に求められているのは人口再生産に寄与することが期待される若年層の環境整備と，他地域からの人口の流入をもたらす職住隣接の産業政策，雇用政策が行政に課せられた喫緊の課題の1つであるが，人口減少時代の自治体政策として果たして妥当なのかどうかである．「人口減少社会」に合わせた自治体の規模や経営のあり方に変えていく，つまり，少子高齢化により行政への歳入は当然少なくなるが，同時にその環境条件で新たな政策をつくり出さなければならないのではないか．また，「人口減少社会」の中での「合併」，いわゆる「西多摩をひとつに」するためには，その前提条件として，4市3町1村の歴史，住民感情を配慮しつつ，「協働」という取り組みのできる自治力を持つ住民の人材育成がもっとも大切ことであり，それを公的に保障することの大切さが理解できるのではないかと考える．

参考資料と文献

1) 増田俊一修士論文「西多摩地域における行政規模に関する研究」中央大学大学院公共政策研究科修士課程（2011）
2) http://ja.wikipedia（12.12.2011）全国総合開発計画は，日本国土の利用，開発及び保全に関する総合的かつ基本的な計画で，地域間の均衡ある発展を目指して昭和37年に策定されたのが第一次の全国総合開発計画．第一次の計画を手始めに，これまでに5次にわたる計画が策定されている．時代の要請を受けてそのねらいや計画項目は移り変わってきており，全国総合開発の歴史は国の地域政策の変遷の歴史でもある．（新全総，三全総，四全総，五全総）
3) 神長唯論文［「三多摩格差」から「三多摩『内』」格差へ：東京都の地域格差に関する一考察］湘南フォーラムNo.13　文教大学湘南総合研究所紀要（2009）
4)「高齢化社会」という用語は1956年の国際連合の報告書において，当時の欧米先進国の水準を基に7％以上を「高齢化した」人口と呼んでいたことに由来するのではないかとされているが必ずしも定かではない．一般的には，高齢化率（65歳以上の人口が総人口に占める割合）によって以下のように分類される．
高齢化社会（高齢化率7％～14％），高齢社会（同14％～21％），超高齢社会（同21％以上）．「少子化社会」について日本政府は，平成16年版少子化社会白書において「合計特殊出生率が人口置き換え水準をはるかに下まわり，かつ，子供の数が高齢者人口（65歳以上人口）よりも少なくなった社会」を「少子社

会」と定義している．
5) 合計特殊出生率は 15 歳〜49 歳までの女子の年齢別出生率を合計したもので，1 人の女子が仮にその年次の年齢別出生率で一生の間に産むとしたときの子どもの数を表す．世界人口白書（2011）では，合計特殊出生率は人口の増減を予測するための指標のひとつであるが，子どもを産まないか，少なく産むか，多く産むかといった女性の生活の質を測る尺度でもある．したがって，保健，教育，経済的機会など様々な要因と関連していることから，1 人の女性が産む子どもの数はそれぞれの国や地域の状況に影響されると解説している．
6) 細野助博論説「地域を蝕む人口移動のジレンマ」改革者の主張（平成 21 年 9 月）

第6章

住民の生活回復に影響を与える
二つのローカルガバナンス
―行政によるガバナンスと利用者によるガバナンス：
岩手県「道の駅」の比較を事例に―

中 庭 光 彦

は じ め に

　東日本大震災は流通の現場に問題を投げかけた．災害発生後いかに速やかに顧客への物資供給を回復させるかという流通の回復力（resilience）が試されたからだ．

　被災者の暮らしは，被災から救援，復旧というプロセスを経て夏からは生活再建段階へと移っている．この回復過程に流通は不可欠だが，特に救援～復旧過程における遠方被災地の流通確保は重要だ．ダイエー仙台店が3月13日には営業する等，都市中心地のスーパーの再開は早かったが，中心地からは遠方の津波被災地で小売店が壊滅状態にあった地域では遅々として進まなかった．

　回復力問題は何も流通に限ったことだけではない．地方自治体による防災政策のガバナンスにも同様の問題が起きた．大震災直後の被害と混乱の中，自治体組織は寸断され，平時には機能していた自治体による防災体制が機能していなかった場所も多数発生した．その結果，被災地住民は自ら避難し，あるいは行方不明者を捜し，負傷者を手当する等して，突如襲わ

れた災害状況に否応なく適応せざるをえなかった．各自治体も混乱の中，被災者の受け入れ準備を断片的な情報の中で進めた．いかに早くガバナンスを復旧させ，地域住民の生活回復を軌道に乗せるかが自治体にとって大きな課題となった．

そのような物資や情報の途絶状況が続く中，もともと防災拠点とは意識されていなかったある施設が，結果として物資流通拠点や一次避難所として機能し，被災者の救援活動に一定の役割を果たした．それが「道の駅」である．

道の駅は，平常時には「休憩機能」「情報機能」「地域振興機能」「連携機能」を発揮するものとして1993年（平成5年）より全国的に整備がなされ，2011年（平成23年）7月現在977駅が営業し，東北には139駅が開業している．その多くが，駐車場，トイレ，情報提供コーナー，そして青果等の直売所を含む物品販売コーナーから構成されている．この道の駅が，災害時には一次避難所や炊き出しなど食料供給の拠点として機能したり，自治体が用意した避難所に被災者を誘導したり，在庫物資を放出する等，救援〜復旧に大きな役割を果たした．そこでは道の駅の駅長やスタッフさらには道の駅に青果品を卸す農業生産者が中心となって救援物資の仕入や供給を行い，大規模小売店がまったく機能しなかった地方にあって長期の営業停止をせずに，災害対応施設として機能した．

東日本大震災から1年以上経過した現在，災害対応の考え方も変化してきている．できるだけハザードの発生を予測し防御・避難計画を精緻化しようとする従来の防災思想ではなく，不確実な災害が発生しても，いざ発生したらできるだけ被害を少なくして，被害からの回復を早めるような「回復力（resilience）」をつけようという思想である．一般に，システムの回復力は「冗長性：Redundancy」「迅速性：Rapidity」「頑強性：Robustness」「甲斐性：Resourcefulness」から構成されるというが，事例毎にその形態は異なる[1]．

本稿で報告する道の駅の事例は，この回復力を，ローカルガバナンスが左右しているという一つの実例である．道の駅は非常時にも平常時と同様

第 6 章　住民の生活回復に影響を与える二つのローカルガバナンス　141

に継続営業することで，結果として地域振興施設が災害対応施設に柔軟に「機能転換」している．その点で，地域住民へのサービスを続け，住民の生活回復に寄与したと言えるだろう．機能転換は迅速性に含まれる要素と思われるが，機能転換を可能とした道の駅内外のガバナンスとはいかなるものだったのかについては，災害時のローカルガバナンスを考える上で重要であろう．

　そこで本稿では，筆者自身がインタビュー調査を行った岩手県内の道の駅 9 カ所が東日本大震災でいかなる機能転換を果たしたかについて報告を行い，道の駅をとりまくガバナンスが機能転換にどのような影響を与えたのか，その実態について報告を行う[2]．そして，観察された機能転換の差について，ローカルガバナンスの視点から検討を行うこととする．

第 1 節　東日本大震災における岩手県道の駅の立地

　調査を実施した岩手県内の道の駅は「石神の丘（岩手町）」「厳美渓（一関市）」「遠野風の丘（遠野市）」「かわさき（一関市）」「くじ（久慈市）」「のだ（野田村）」「いわいずみ（岩泉町）」「やまだ（山田町）」「さんりく（大船渡市）」の 9 駅で，2012 年 9 月 5 日-9 日にかけて実施した．

　岩手県内の主国道は海岸沿いの国道 45 号線と，北上川沿いの国道 4 号線である．陸前高田市，大船渡市，釜石市，山田町，宮古市，田野畑村，普代村，野田村，久慈市は国道 45 号線で南北に結ばれているが，今回は津波浸水により飲み込まれた直接の被災地となった．ここには南から「高田松原」「さんりく」「やまだ」「みやこ」「たろう」「たのはた」「のだ」「くじ」と，県内 30 駅の内 8 駅が立地している．この内「高田松原」「みやこ」は，施設そのものが津波に飲み込まれた．また「さんりく」「やまだ」「たろう」「たのはた」「のだ」「くじ」は施設は無事だったが，被災地に隣接している．

一方,「石神の丘」「厳美渓」は国道4号線周辺に,両国道の中間に「遠野風の丘」「かわさき」が立地する.

つまり,沿岸被災地を最前線で支える国道45号線沿いの道の駅,被害も少なく東北の大動脈である国道4号線沿いの道の駅,そして,両者の中間に位置する道の駅と三つの立地に分けることができる(図1・表1).国道45号線沿いで沿岸被災地を「隣接支援地」,国道4号線沿いの道の駅を「後方支援地」,両者の中間にある道の駅を「中間支援地」と立地区分することも可能だろう.沿岸から30km余り内陸部に入り国道283号線,340号線が交叉する遠野市は「中間支援地」の典型例である.

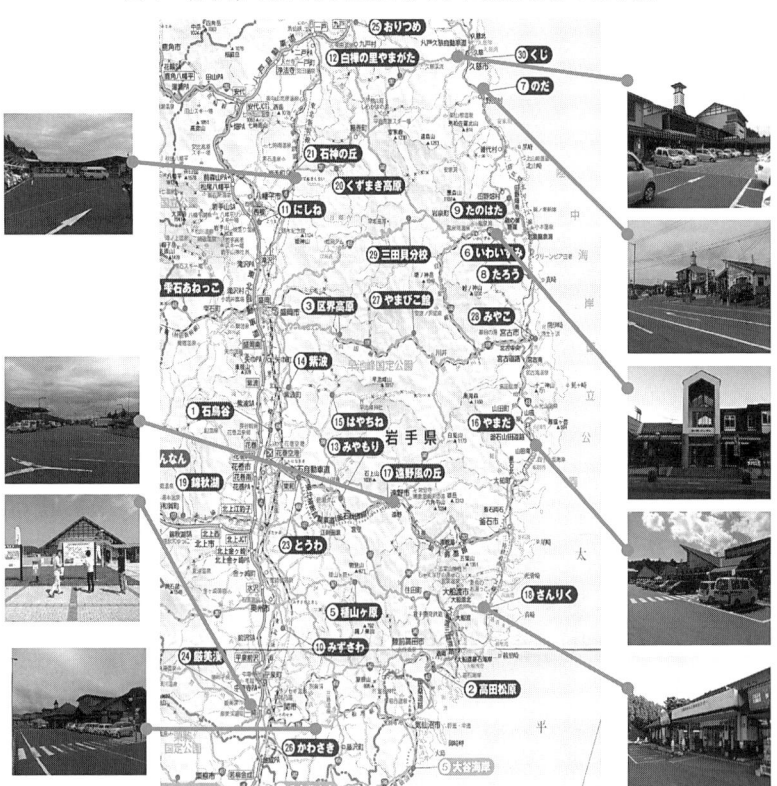

図1 岩手県の道の駅立地図ならびに調査を行った9駅

(特定非営利活動法人東北みち会議発行,東北「道の駅」連絡会監修による『東北「道の駅」ロードマップ』を加工した.周囲の写真は筆者撮影.)

第6章　住民の生活回復に影響を与える二つのローカルガバナンス　143

表1　調査を行った岩手県内道の駅9カ所の立地一覧

立　地	後方支援地	中間支援地	隣接支援地
駅　名	石神の丘（岩手町） 厳美渓（一関市）	遠野風の丘（遠野市） かわさき（一関市）	くじ（久慈市） のだ（野田村） いわいずみ（岩泉町） やまだ（山田町） さんりく（大船渡市）
特　徴	国道4号線沿い，その周辺に立地している．今回の震災において被害は軽微であった．	国道4号線と45号線の中間に位置する．中でも「遠野風の丘」は花巻や北上と釜石の中間に立地している．	国道45線沿いに立地している．平常時には観光客を対象とした地域振興施設であるが，今回の震災においては津波で甚大な被害を被ったが，崖上あるいは海岸から離れていた道の駅は被災地に隣接する支援施設となった．特にいわいずみは，海岸から8km程離れている．

第2節　道の駅の被害状況

東日本大震災における道の駅の被害状況はいかなるものだったのだろうか．調査を行った9駅の施設内と施設周囲の被害状況をまとめると，立地により施設周囲の被害に大きなばらつきがあることがわかる（表2）．

表2　各施設，施設周囲の被害状況

駅　名	施設の被害状況	周囲の被害状況
さんりく （大船渡市）	【施設被害状況】 壁に少しひびが入った．／冷蔵品がだめになった．／水漏れが発生．／商品が陳列棚から落下した． 【水道，ガス，電気，通信の被害状況と復旧時期】 水道，ガス，電気がすぐに途絶したが3/15に復旧した．ガスはプロパンだったので大丈夫だった．	大船渡市内は壊滅的被害を受け，道路は寸断された．
やまだ （山田町）	【施設被害状況】 施設の被害は無かったが，商品がいくつか割れた． 【水道，ガス，電気，通信の被害状況と復旧時期】 電気は3/25，水道は4/1，下水道は5/1に復旧した．ガスはプロパンだったのでその日に直結し大丈夫だった．携帯電話は3/18に通じるようになった．	道路途絶．道の駅のすぐ下（船越）まで津波で浸水．近隣にはまったく店が無い状態となった．

駅　名	施設の被害状況	周囲の被害状況
いわいずみ (岩泉町)	【施設被害状況】 被害は無かった． 【水道，ガス，電気，通信の被害状況と復旧時期】 水道は10tタンクの貯留分は大丈夫だった．電気は3/13遅くに通電．ガスはプロパンだったので大丈夫だった．	停電の被害．
のだ (野田村)	【施設被害状況】 駅は浸水しなかったが，駅前まで浸水した．店内にひびが入った．スタッフの半分は家を流された． 【水道，ガス，電気，通信の被害状況と復旧時期】 水道は3/14，電気は3/20，下水道は4/2に復旧した．ガスはプロパンなので大丈夫だった．携帯は通じていた．	駅の数十メートル手前まで津波が来た．周りの家の半分は半壊，半分は全壊した．道路は瓦礫があるため通行止めになった所が多数あった．
くじ (久慈市)	【施設被害状況】 被害は無かった． 【水道，ガス，電気，通信の被害状況と復旧時期】 電気，水道とも3/13に復旧した．プロパンガスなので大丈夫だった．	石油備蓄基地，地下水施設，久慈漁港，海女センターなど海岸沿い施設は流された．国道45号も途絶した．
遠野風の丘 (遠野市)	【施設被害状況】 瓦が少し落ちた程度．被害額は3万円． 【水道，ガス，電気，通信の被害状況と復旧時期】 簡易水道がそのまま使えたので大丈夫だった．プロパンガスも使えた．電気は3/14に復旧．	市役所の旧庁舎が倒壊し，スーパー（イオン）が3月中は休んでいた．
かわさき (一関市)	【施設被害状況】 揺れたが，若干の商品が落下しただけ．たいした被害は無し． 【水道，ガス，電気，通信の被害状況と復旧時期】 水道は10日後に復旧．電気は4日目の午後2時に復旧．ガスは翌日復旧．携帯電話は1週間後に復旧．	ガソリンスタンドは4日後に復旧し，コンビニエンスストアは10日後に復旧した．
石神の丘 (岩手町)	【施設被害状況】 建物には被害無し．商品が3万7千円分割れた． 【水道，ガス，電気，通信の被害状況と復旧時期】 水道は3/12の11:50から断水し，15日に復旧．電気は3/12，18:12に復旧した．	役所の天井が落ちた．
厳美渓 (一関市)	【施設被害状況】 被害は無かった．商品が少し棚から落ちた程度． 【水道，ガス，電気，通信の被害状況と復旧時期】 水道は3/19昼に復旧．電気は3/15，10時30分に復旧．ガスはプロパンだったので大丈夫だった．携帯電話は通じた．	市内のスーパーは売り切れ続出．物的被害はあまり無し．

施設そのものの被害は9駅とも概ね軽微で，地震による倒壊は無かったが，商品の落下・破損は生じていた．むしろ周囲のライフライン被害の方が深刻で，「いわいずみ」を除き，水道・電気は途絶した．しかし，ガスは各施設がプロパンガスであったことが幸いし，大きな被害とはならなかった．

水道の復旧時期は「さんりく」が3月15日，「やまだ」は4月1日，「のだ」は3月13日と「やまだ」を除いては思いの外早い．また，唯一「いわいずみ」が断水しなかった理由は，施設に隣接して10tの貯水タンクを備えていたことが大きな理由であった[3]．

軽微だった道の駅そのものの被害に対し，その周囲の被害が甚大だったのが「さんりく」「やまだ」「のだ」「くじ」の海岸近くに立地する道の駅だった．施設の間際まで津波が迫ってきた所もあれば，市内が津波被害に遭い，商業施設が壊滅してしまった所もある．生き残った道の駅は貴重な小規模小売店にならざるをえなくなった．しかも，家を流された被災者が自治体が指定した避難所に避難する一方，家は無事だったが食物物資が途絶し避難所や道の駅にやってくる例もあった．しかも，後方の道路は寸断されていた．いきおい，周囲の被害が甚大だった「さんりく」「やまだ」「のだ」「くじ」の駅長・スタッフにとっては，家族・縁者の被害が気になる一方，被災者への物資供給をいかに継続して応えるかが大きな課題として意識されるようになった．

第3節　震災当日から営業再開にいたる駅長・スタッフの行動

では，各道の駅駅長・スタッフは，地震発生後どのような意思決定を行っていったのだろうか．3月11日14時46分に地震が起きた後，これらの人々が不確実な状況の中で営業再開までどのように道の駅を運営して

いったのか時系列で質問し，駅長と行政の関係から類型化した比較表が表3である．

表3 震災当日から営業再開までの駅長・スタッフの行動

駅 名	営業再開までの駅長・スタッフの行動	類 型
さんりく（大船渡市）	道の駅にはどんどん人が集まり，150名くらいになった．近くの老人福祉施設の方もマイクロバスで避難してきた．避難所が近くの「遊・YOU・亭」（道の駅を運営する三陸ふるさと振興株式会社が経営する別施設）になったので，そちらに誘導し，店はすぐに閉めた．3/15に営業開始．3/24からは10〜15時で営業した．	行政一体型
やまだ（山田町）	陸の孤島になったので施設を開放した．ローソク，電池と懐中電灯はあり，毛布も15枚あった．パンと弁当は無償で配った．高齢者施設の方30人もマイクロバスでやってきた．利用者みんなを地区の集会所，公民館，青年の家などに誘導した． 自宅が心配だったので，これら処置をした後，町内の自宅へ戻ると火の海になっていた．そこで，高台の弟の家へ行ったら家族は無事だった．それが23時．その後，道の駅に戻ってきたのが深夜1時．翌日の朝は，ガスが大丈夫だったので，炊き出しを行い，おにぎりを出した． 3/13日に駅長が来て「16日の昼に集まろう」ということでいったん店を閉めた．その時には利用者はみんな避難所へ行っていた． 3/18から9時〜15時で営業開始．避難所でも食事を提供していたが，高台で家が壊れていない人は「家があるので（避難所へは）行きにくい」と道の駅の方にやってきた．3/25からはブログで避難者掲示などを発信．3/26からは通常営業に戻った．	駅長主導型
いわいずみ（岩泉町）	16時に道の駅に戻ってきた．車のワンセグテレビで「釜石がすごいことになっている，ただごとではない」とわかった．いったん役場に寄ってから戻った．到着後被害状況を確認．行き場が無い客20台（車）の人を食堂へ．にぎり，味噌汁を無料で出した． 自衛隊が来て，隣接のサッカーグラウンドが補給基地になり，300人以上のベースキャンプとなった．この自衛隊員たちにコロッケ，パン，にんにくの味噌漬け，カレーパンなどを持ち込んで販売した．自衛隊員も一般の人に交じり道の駅の中では買いづらい．3/15には三田貝分校は閉鎖した（3/25に再開）．	行政一体型
のだ（野田村）	地震発生後，すぐに避難警報が出て，逃げた．波が引いた後，トイレを使うために住民がここに集まってきた．携帯電話は通じた．動けなくなった観光客のためにタクシーを呼んで久慈に行ってもらった．夜ジュースやカップ麺を役場まで届けた．水も届けた．浄化槽が壊れたのでトイレにはバケツをおいた．3/17に9〜17時で営業開始した．	行政一体型
くじ（久慈市）	道の駅に戻ったら30台くらいの車が残っていた．地元の方も集まってきていた．2日後にイベントを行う予定だったので，ひっつみ，イカ焼き，炭を用意してあった．それらを炊き出しとして出した．応対したスタッフは8人．避難所となった近くの寺には20人くらいいたが，そちらにも出した．イベント用の発電機（ガソリン）もあった．ガソリンも20リットルが2本あった．1日目は間に合ったが2日目は節約した． 2日目は市の炊き出しを30人分届けてもらった．野菜はずっとあった． 3/12に社員，市の公用車の車を使い，携帯缶を持って行きそれに全部ガソリンを入れさせた．制限はなかった．3/13日から営業開始．バスが盛岡まで通じたのが2〜3週間後だった．	行政一体型

第6章 住民の生活回復に影響を与える二つのローカルガバナンス　147

駅　名	営業再開までの駅長・スタッフの行動	類　型
遠野風の丘 (遠野市)	客を外に出し，綾織り地区センターに50名程を誘導．スタッフも帰し15時半に店を閉めた．ラジオで状況は把握していた．防災無線で15時15分に避難指示があった．翌日から片付けのため2日間営業休止した．平成15年の地震の時もそうした．この二日間，40人のスタッフには出勤してもらった．	行政一体型
かわさき (一関市)	揺れて電気は途絶した．非常用電源でレジを動かす程度で30分しかもたなかった．その日は暗くなったので16時で閉店．沿岸で何が起きているのか，電気が通じる4日後まで何もわからなかった．翌日も9時～16時で営業．地元，一関，千厩あたりから客が来た．10日目あたりから気仙沼から客が来るようになり，店内がごったがえした．	駅長主導型
石神の丘 (岩手町)	イベント広場に人を出したが，客はすぐに帰って行った．非常用電源も無いのですぐに営業を停止した．委託され販売を行っているのでPOSを通さずに商品を販売すると混乱するため．スタッフも管理者2名を残して帰した．16時半頃，報告に役場に行った．そこでテレビを見て津波を見た．翌日は休業．スタッフが9時に来たが10時に帰して自宅待機させた．直売者も同様．12日の夜に通電したため，13日から営業を再開した．	行政一体型
厳美渓 (一関市)	20名はどいた客を外に誘導．客はすぐにいなくなった．30分だけバックアップ用電源でしのいだ．16時には全員帰宅させた．駅長も帰った．翌日，食材を全部使いはたすために，ごはん，おもち，ラーメン，オール100円で売った．いつかは定かでないが岩手放送（IBC）に電話して炊き出し情報を流してもらった．個数制限はしなかった．その後もおはぎ，カレー，麺類をすべて100円で販売した．3/26には陸前高田にもちつき隊が炊き出しに行った．	駅長主導型

　「さんりく」「やまだ」「のだ」「くじ」は避難所にはならなかったが，どこも，近隣の避難所を支援したことが，表3で明らかになっている．中でも「さんりく」「やまだ」は，利用者を地区の公民館や避難所に誘導する役目を担っている．

　「やまだ」「いわいずみ」「のだ」「くじ」は被災者に炊き出しを行っている[4]．

　また類型については，平時において駅長が行政の下で一体となって行動している「行政一体型」と，行政とは独立して行動している「駅長主導型」に分類した．

　営業を続ける道の駅もあれば，短期間停止したが，その間もスタッフが常駐していた例もあり，実質的には継続営業していたことがわかる．ただ，駅長主導型の駅がより周囲に迅速に適応し，行政一体型の駅では行政と連携して動いたと言ってもよいが，いずれにせよ，継続営業していたがゆえに，平時には地域振興施設や観光施設であった道の駅が，一時被災施設や物資供給施設として機能転換していたことがわかる．

第4節　トイレと飲料水への対応

被災地で住民が真っ先に困るのがトイレである．各駅は「いわいずみ」を除き断水に直面した．断水すれば水洗トイレは使えず，その結果，公共トイレに望みを抱き周囲の住民も集まってくる．

道の駅はトイレや飲料水をどのように運用したのだろうか．各駅のトイレ・飲料水対応の一覧が表4である．

表4　トイレへの対応

	トイレへの対応	飲料水への対応
さんりく（大船渡市）	閉鎖した．	貯水タンク分は使えた．
やまだ（山田町）	当初は閉鎖した．3/18に国交省から仮設トイレ7台が届いた．国交省三陸事務所が現地に来たので頼んでおいたものだ．以後それを使用．	軽トラックで駅長が水を持ってきた．
いわいずみ（岩泉町）	トイレのタンクにペットボトルの水を入れてしのいだ．いざとなれば川もそばにあった．	売り物のペットボトル水も使った．
のだ（野田村）	当初は閉鎖した．3日後に仮設トイレ6基が届いた．	泉沢川は瓦礫で埋まりで，水を汲める状態ではなく，宇部川から汲んできた．
くじ（久慈市）	翌日8時に閉鎖した．	ポリタンク4つで川に汲みに行った．
遠野風の丘（遠野市）	たらいに水を入れひしゃくを置いた．便器の横にはダンボールにビニール袋を置き，トイレットペーパーはそちらへ捨ててもらった．	簡易水道を利用した．
かわさき（一関市）	初日は使用したが，二日目から四日目は使用不可としていた．	スタッフの井戸水を使った．また，10日後以降も高台の非復旧地区の加工農家に水を運んだ．
石神の丘（岩手町）	3/13－15は閉鎖した．近くの役場や駅近くのプラザに案内した．	役場やプラザから持ってきてもらった．
厳美渓（一関市）	給水車の水を利用．トイレにバケツを置いた．	貯水タンク分だけで2日もった．給水車が来て駐車場に止まっていた．それを利用した．

9施設の内，トイレを閉鎖したのは「さんりく」「やまだ」「のだ」「くじ」「かわさき」「石神の丘」の6駅であった．手動で水を流せるように工

夫したのが「遠野風の丘」「厳美渓」の2駅．閉鎖しなかったのは「いわいずみ」の1駅であった．

　トイレ機能は，平常時の道の駅が備えるべき必要条件であるが，いざ災害時には脆弱であった．水が入手できること，ポンプを動かせる電力を確保できることが災害時にもトイレを機能させる大きな条件である．その条件が崩れた中で，2駅の駅長やスタッフが工夫で乗り切り，1駅は水を備蓄していたことによって断水を乗り切ったが，6駅は閉鎖せざるをえなかった．トイレについては，6駅が機能転換できなかったのである．

第5節　物資供給の実態

　道の駅の多くは直売所を営業している．平常時，直売所では周囲の生産農家の育てた青果や加工食品が販売される．この生産農家は個別に道の駅運営会社に卸していることもあるし，組合をつくり卸す場合もある．物資が途絶している間も，これら生産農家が物資供給を続け，被災地に大きく貢献した．

　ただし，道の駅によっては，食料品を仕入に遠方の卸や市場に積極的に出かけていく施設も現れ，地元直売農家からの仕入に重点を置いた施設とで差が出ている．青果の仕入，ガソリンの入手はどのように行ったのかを質問した回答一覧が表5である．

表5　青果の仕入とガソリン調達はどうしたか

	青果の仕入	ガソリンの調達
さんりく (大船渡市)	直売所に卸してくれている青果農家が届けてくれた．	ガソリンスタンドへの車の行列に並んで手に入れた．
やまだ (山田町)	3/13に盛岡の仲卸へ車で仕入に行った．ついでに，カップメン30箱，パン，弁当も入手．以後毎日仕入れに行った．	近くのスタンドに3時間並んで一人10リットルのところを15リットル入れてもらった．
いわいずみ (岩泉町)	地元組合から仕入た．パンも自家製．	並んだ．10リットル入手．足りなかったのは2日間だけ．

	青果の仕入	ガソリンの調達
のだ (野田村)	テナントが扱っていたため，わからない．	
くじ (久慈市)	仕入はあったが，産直ではない．管理会社であって，テナントの動きはわからない．	
遠野風の丘 (遠野市)	下りもの野菜がほとんどで数がなかったので4月末まで中止．北上市場が閉まったので，そちらからの仕入は中止した．	何とか手に入れた．市の方針で乗り合い，10リットル，1回まで．
かわさき (一関市)	毎日集荷した．自分で集荷に行った．	毎朝3時に起きてガソリンスタンドに並び調達．
石神の丘 (岩手町)	地元の農家に持ってきてもらった．しかし，3月ということもあり数は多くはない．	並んだ．が，商品の仕入にあまり問題はなかった．
厳美渓 (一関市)	集荷に回った．直売だけではなく一関市内の市場にも．3/25まで．	インターネットで情報を仕入れ，徹夜で並んだ．

　平時における産直取引という青果農家等と道の駅の関係が，災害時には道路途絶に影響されない物資供給ルートとなったことがわかる．「さんりく」「いわいずみ」「石神の丘」「厳美渓」はその関係を活かしていたことがわかる．

　また，駅長の前職が地元スーパー出身で地元や遠方の卸売商との関係が強い場合，それが災害時には強力な仕入力に転化している点も見逃せない．「やまだ」「かわさき」はその例で，ガソリンが逼迫し，道路も寸断されている中，通常通りの仕入を行い続けている．

　仕入を行いたくてもガソリンが調達できなければ不可能である．地震発生当初，石巻の精油所が被災したため，岩手県では2週間ほどガソリンの逼迫状況が続いた．「お彼岸ぐらいまでは並んだ」と各駅長は証言しているが，その中でも，駅長はガソリンを集め仕入を行い続けたことが明らかになった．

第6節　連携状況

　道の駅は地元自治体や直売所の生産農家などと連携を行っていたが，そ

第6章　住民の生活回復に影響を与える二つのローカルガバナンス　151

の連携状況には各駅毎に差がある（表6）．

表6　地元市ならびに地元業者（直接生産者やその他卸売）との連携状況

駅　名	地元市との連携状況	地元業者との連携状況
さんりく（大船渡市）	大船渡市と一体である．	直売所を運営している生産者組合が青果をもってきてくれた．
やまだ（山田村）	冷蔵車，軽トラ等，市に寄贈されたものをいただいた．企業から寄贈された移動冷蔵庫もいただいた．	
いわいずみ（岩泉町）	岩泉町と一体である．町の災害拠点に指定されている．町の要請で町民会館へ水を搬入した．500人いた．当日の21時．	
のだ（野田村）	村の避難所に野菜をもっていってもらった．	盛岡市内の業者が300個のお菓子を提供してくれた．
くじ（久慈市）	市とは連絡をとりあっていた．交通情報を掲示．市役所が最大の情報源．	観光プロモーションでつきあっている地元企業との関係を心がけた．掲示板をつくり情報を入手した．
遠野風の丘（遠野市）	遠野市とは一体行動．道の駅は公社が運営している他の施設と共に観光施設なので，市役所としては復旧機能については考えなかった．	もってこれる人のみもってきていただいた．
かわさき（一関市）	関係は無い．	平常時の延長．業者への水供給などで協力した．
石神の丘（岩手町）	水やトイレの協力をしてもらった．	生産者にはいつも通り野菜をもってきてもらった．
厳美渓（一関市）	関係は無い．	生産者の中に市場で仕入をしている人がいたので回してもらった．

　地元市との連携状況については「さんりく」「いわいずみ」「遠野風の丘」が，第三セクターということもあり「地元自治体と一体」と答えているのに対して，「かわさき」「厳美渓」は地元自治体と関係が無く，その他も自治体を協力対象程度の認識として捉えている．

　道の駅と地元業者との連携について，駅長は直売生産者との協力として認識していた．但し「くじ」は中心市街地活性化施設としての役割をもっていることもあり，地元企業を「観光プロモーションとしての協力業者」として認識していた．

第7節　道の駅のガバナンス

では，前項の地元自治体との連携の差は，道の駅のガバナンスによって異なっていたのだろうか．各道の駅内の管理形態と取引先数を整理した（表7）．

表7　道の駅の管理形態と取引先数

駅　名	管理形態	取引先数
さんりく（大船渡市）	三陸ふるさと振興株式会社．大船渡市の出資50%で筆頭．他に漁協，JA等で全株主数68.	農家の生産者組合が60．漁業者の個人が数軒.
やまだ（山田村）	組合．組合員41名．一口5万円．一口のみしか出資できない．	組合が農業27軒，水産3軒，宮古の卸11軒.
いわいずみ（岩泉町）	当初は町が100%出資した地方公社で，現在は町が大株主の株式会社岩泉産業開発．町長が社長になっている.	組合員65名，内40名が農家．地元水製造メーカー5社．地元外のメーカー5社.
のだ（野田村）	野田村産業開発株式会社．町が50.1%，JAと漁協が各9.2%を出資している.	不明.
くじ（久慈市）	久慈市観光物産協会が管理主体となり，運営は株式会社街の駅（市内の企業・個人が出資したまちづくり会社）に委託されている．中心市街地活性化の一環として設立された.	不明.
遠野風の丘（遠野市）	社団法人遠野ふるさと公社で，市からの指定管理者となっている．市が8割を出資，JAが1割，商工会議所が1割.	遠野市農業産物直売組合66名．内，専業農家は30名.
かわさき（一関市）	中小企業組合法人による直営．一口5万円で一人3口までしか出資できない．地元中小農家が中心.	310グループ，内210グループが野菜農家．加工農家は20.
石神の丘（岩手町）	株式会社岩手ふるさと振興公社．町が90%，JA6.5%，商工会が3.5%.	岩手町産地直売組合80名．その他業者が50社.
厳美渓（一関市）	農事組合による直営.	産直農家180軒．内，常時販売は60〜70軒.

九つの道の駅の内訳は，第三セクターと呼ばれる公企業が5，まちづくり会社1，生産者による組合が3という割合であった．公企業が実質的には自治体の外部機関として働くのに対し，まちづくり会社や組合は多数の出資者や組合員のために働く．いきおい，被災者への支援についても公企

業の場合は，行政による被災者支援に道の駅がどれだけ補完的な役割を果たせるかという意思決定を優先すると考えられる．それは表3からも読み取れる点である．

　一方，まちづくり会社や組合の場合は，利用者でもある出資者を代表しており，利用者のネットワークをうまく駆使し，自治体とは半ば独立して，状況に柔軟に対応しようという姿勢が読み取れる．

　このことが，流通の仕入の積極性にも表れている．毎日仕入を欠かさなかった「やまだ」「かわさき」「厳美渓」は三つとも組合による運営形態をとっており，駅長の経歴も2名は流通関係者，1名は民間会社の職員だった．一方，地元生産農家からの自発的な仕入に重点を置いたのは「さんりく」「いわいずみ」「遠野風の丘」「石神の丘」で，どれも公企業による営業であった．

　どちらも平時から災害時における機能転換の維持には寄与しているが，仕入関係の質には違いがあることがうかがわれる．

第8節　行政によるガバナンスと利用者によるガバナンス

　東日本大震災において，道の駅は救援過程において少なからぬ役割を果たしたと言える．道の駅は業容にばらつきはあるものの，地元自治体と道の駅運営会社，直売生産者の三者連携による組織であった．平常時においては主に観光客を対象に休憩機能や地元産品を直売する地域振興施設であり，災害時においては避難から復旧にいたる過程で主たる避難所の補完機能を果たし，物資供給面でも被災者への支援を行った．営業停止日数に差異はあるものの，大都市とは異なる地方にあってこのような物資供給機能が，平常時から災害時に機能転換し，継続して働き続けたことの意義は大きい．

しかし，その道の駅も管理形態に着目すると，公企業経営で自治体の外部組織として位置づけられた「行政によるガバナンス」と，直売所を利用する生産農家が組合として経営する組織である「利用者によるガバナンス」の二つに分類できることがわかる．そして，震災のような突発的な事態には，利用者によるガバナンスの方が駅長のようなリーダーは独立的で柔軟性をもっていると言ってもよさそうである．少なくとも「まずは行政の動きを見てから」という駅長による待ちの姿勢から生まれる遅延は防げることになる．

例えば「やまだ」の事例は典型的である．震災前には観光型道の駅であったものが，震災直後には救援支援を行い，さらに被災者住宅が近隣に建てられると，住民のために最寄り品を中心としたスーパーマーケットとして営業し，調査を行った 2011 年 9 月時点では大いに賑わっていた．このように業態や品揃えを弾力的かつ迅速に変更できるのは，管理形態が一口出資のみ可能な組合組織であり，組合員も 41 名という小規模であるためだ．

少なくとも利用者によるガバナンスが機能している道の駅では，その気になれば平時には多様なサービスを，災害時には回復支援力を発揮できる柔軟性を有しているのではないかと，その可能性を実感させた事例であった．

では，行政によるガバナンスが防災に対して硬直的で，回復性に寄与しないのかというと，そうとは言い切れない．行政組織が予めリーダーシップをとって防災計画を整備し防災訓練を行っていれば，行政によるガバナンスが遺憾なく発揮されることになる．その典型例が遠野市である．遠野市は震災前より市長が津波被害を想定し，その場合，遠野市が後方支援拠点になることをも予期し，2007 年（平成 19 年）には岩手県総合防災訓練を行い，2008 年（平成 20 年）には自衛隊・警察・消防・医療機関・住民と合同訓練を実施してきた．この備えが，東日本大震災発生時には物資供給，ボランティア支援，県立遠野病院の後方支援となって効果を発揮した[5]．

道の駅・遠野風の丘も市と一体となって，後方支援業務を行った．行政トップのリスクマネジメントにおけるリーダーシップが機能している場合は，行政によるガバナンスも有効であるという一例であろう．

では「行政によるガバナンス」と「利用者によるガバナンス」が対立する場合は無いのだろうか．今回 9 件のインタビューを行った道の駅駅長・スタッフからは，道の駅を防災施設認定できないかという要望を何件か聞くことができた．なぜなら，発電機が無かったため電気に困ったという利用者が多かったからだ．岩手県内には「たろう」（田老町）のように防災施設として指定されている道の駅もあるがその数はたいへん少ない．さらに，それを維持するにも相応のコストが必要となるため，道の駅を防災施設化するのではなく，平常営業を災害時にも継続することが必要という運営者の意見も聞くことができた．これなどは利用者によるガバナンスと行政によるガバナンスが整理されぬまま対立している例と言えるだろう．

お わ り に

本稿では，「道の駅」の機能転換が，「行政によるガバナンス」と「利用者によるガバナンス」というローカルガバナンスの差異によって変化する現象を克明に報告した．二つのガバナンスにおいても，道の駅の機能転換は行われ回復性に寄与したのだが，道の駅駅長・スタッフは自らの施設を自治体と一体と考えるか，独立した事業者と考えるかにより対照的な違いがあり，利用者による組合組織の方がより積極的な物資供給を行っていたことがわかった．

道の駅は全国に存在する．各地で地震災害が予想される中，道の駅そのものが被災する場合もあれば，後方支援を行う場合もあるだろう．それは災害発生場所によりまったく不確実である．その時，どのような状態に置かれても，被災後すぐに回復できるように迅速な機能転換を行えることが

重要であるし，それを支えるようなローカルガバナンスを整備しておくことは喫緊の課題であろう．少なくとも「利用者によるガバナンス」による道の駅，乃至は多様な施設を地域に配置しておくことは，地域災害の回復を早めるためには重要であることが東日本大震災の事例から汲み取るべき教訓であると言えるだろう．

1) 回復性の構成要素については牧紀男（2011）『災害の住宅誌』鹿島出版会，pp. 36-40 によった．
2) 本調査は多摩大学地域活性化マネジメントセンターが特定非営利活動法人東北みち会議と共に，岩手，宮城，福島3県の道の駅の被災実態の現地調査を行ったものである．9/5-10の間，3県のチームに分かれて実施し，筆者は岩手県を担当した．岩手県内には30の道の駅があったが，その内の9駅の駅長乃至はスタッフにインタビューを行った．本稿はその調査報告書である多摩大学地域活性化マネジメントセンター『東北「道の駅」の震災対応の実態と新しい役割』2012 に掲載した文を大幅に加筆修正したものである．
3) 「いわいずみ」の駅長は，運営会社が生産しているボトルウォーターをそのままトイレの水に使えることができた．「いざという時には（道の駅の横を流れている小本川の）川の水を使うつもりだった」という駅長の証言もある．
4) 被災地には「家や縁者を失った被災者」と「何も失っていないが食べ物難民になっている被災者」がおり，後者の人々が避難所で同じ炊き出しを受けるには遠慮があるという証言があった．また，「いわいずみ」では自衛隊員が住民のいる場所で飲食することができず，道の駅で食べるということも起こっていた．こうした"避難所に行きにくい食べ物難民や救援者"の受け皿として，道の駅が機能していた例も見られた．深刻度にばらつきがある被災者と，それを救援する側の空間的・社会的マッチングの問題は記録にとどめておく重要性をもっている．
5) 遠野市『2011.3.11 東日本大震災遠野市沿岸被災地後方支援50日の記録』2011 より．

参 考 文 献

多摩大学地域活性化マネジメントセンター（2012）『東北「道の駅」の震災対応の実態と新しい役割』

遠野市（2011）『2011.3.11 東日本大震災遠野市沿岸被災地後方支援50日の記録』

牧紀男（2011）『災害の住宅誌』鹿島出版会

第 7 章

イタリアの地方制度と自然災害対策
―ラクゥイラ地震（2009年）の経験から―

工 藤 裕 子

第1節　はじめに：ラクゥイラ地震の概要

　イタリアのラクゥイラ地震は2009年4月6日3時に起こった．規模はさほど大きくはなく，マグニチュード5.9，震源の深さは8.8キロと比較的浅い．震源はラクゥイラ市の中心街近く，被害が狭い地域に集中した．被害状況としては，死者308名，負傷者1200名，うち重傷200名である．避難民は6万5000人にのぼった．

　日本との決定的な違いは，イタリアの建造物や都市構造に由来する点にあり，ラクゥイラは中世起源の古い都市であるため，歴史的中心街はほとんどが石造りで，かつ耐震などされておらず，新しいものでも20世紀初頭の建築ということもあり，建造物の被害が壊滅的であった．地震直後，内閣府のシビル・プロテクションが，ほぼ全部の家屋について調査をしたところ，その48.1％がアクセス不能，すなわち，一部崩壊や全壊，あるいはその危険性が非常に高いために人が立ち入ってはならないと判断された．このように，建造物の構造や都市計画の違いが被害状況に表れている．

　ラクゥイラ市は，ローマの北東に位置する小さな市である（図1）．震源地周辺で比較的有名な市としてはペスカーラ市などがあるが，いずれも比較的小さな地方自治体が点在している地域である．被害はローマにも及び，

地震の影響で教会の搭に亀裂が入るなど，主に建造物に被害があった．

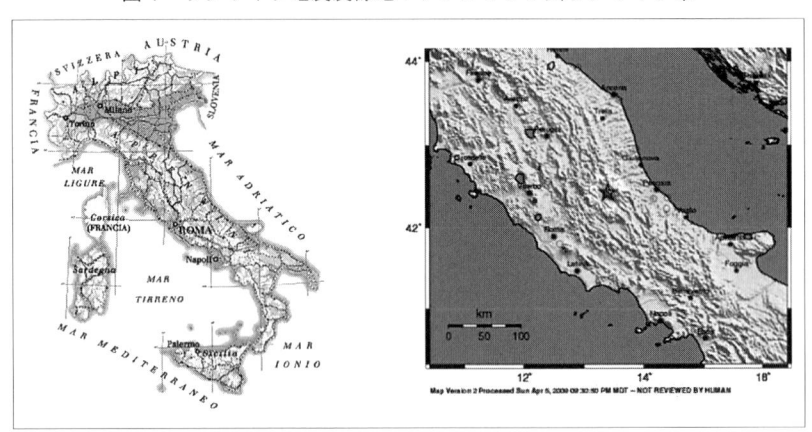

図1　ラクゥイラ地震震源地：アブルッツォ州ラクゥイラ市

イタリアと日本の自然災害を比較するにあたり，どのような点が参考になるのか．

一点目は，予測の責任問題である．気象庁および専門家集団が，地震の前週に対策協議を実施し，地震発生の危険性を知りながら予防，周知ができなかったことについて，責任問題を問う法廷闘争が繰り広げられるという，きわめて珍しいケースに発展した．

二点目は，地震発生直後の救助活動であり，これまでのイタリアの歴史的な経緯から，全国の，そして国際的な救助団体がラクゥイラに集まった．しかし，これらをいかにコーディネートするかに関し，さまざまな課題が明らかになった．

三点目に，違法建築問題が地震を契機に発覚したことである．耐震に関し，イタリアは地震国であるため，1980年以降の建築物については耐震性が意識されている．また，この地域は既に何回か大規模な地震に見舞われている地域である．このため，新しい建築物については，床下にクッションを設けるなど，ある程度の耐震構造が施されている一方，ヨーロッ

パの古い都市に共通の，20世紀初頭までの石造りの建造物，また教会や美術館，博物館など歴史的建造物が大きな課題を呈している．今回はしかし，それらとともに被害が大きかった建造物の一つに，ラクゥイラ大学の学生寮があった．地震発生が夜中であったこともあり，多くの学生が就寝中に命を落とした．この悲劇が，地震のためというよりは，そもそも学生寮が違法建築であったことが原因による，いわば人災であったことが判明し，違法建築問題が社会問題となった．

本稿ではまた，救助，復興の体制に関し，政府間関係という視点から考察する．

イタリアでは，救助，復興を担当する行政機関として protezione civile（英語では civil protection）があるが，防災のみならず，平常時には市民生活一般の安全確保を担う．日本の内閣府にあたる組織の中の一局であるが，独立性が高い．長官は政治家ではなく公務員である．この組織の役割が，イタリアの災害復興にとり，諸刃の剣となっている．このような独立組織があるからこそ，コーディネートがきわめてスムーズに，かつ超法規的にできるという緊急性の視点から肯定的な側面と，超法規的な行為ができる権限を与えられているからこそ起こる諸問題という側面との両者がある．

ヨーロッパの都市に共通の問題であるが，ラクゥイラ市は，地震から3年以上経過した現在も，歴史的中心街は立ち入り禁止となっている．建造物をすべて撤去，あるいはすべて建て替えることが不可能なため，危険性が高い状態のままとなっているのである．

自宅を失った，あるいは住めなくなった住民への対応のため，周辺都市にニュータウンが建設された．このニュータウン建設に関し，当時のベルルスコーニ首相が，シビル・プロテクションの長官とともに，個人的に交流のあるビジネスマンにニュータウン建設の施工を発注，その見返りを受けていたことも明らかになっており，ニュータウン建設そのものはある程度評価されるとはいえ，不透明な事業決定等が非常に大きな問題になっている．

第2節　イタリアの地方制度

まず，イタリアの地方制度を概観する．

イタリア共和国は，イタリア半島の他，シチリア，サルデーニャの両島，および約70の小島からなる南北約1,300kmの細長い半島国で，国土面積は301,338 km²，人口59,206,382人であり，人口密度は196.5人/km²である．首都ローマ（人口約270万人）の他，ミラノ（同約130万人），ナポリ（同約97万人），トリノ（同約90万人）等の主要都市がある．基礎自治体の総数は8,100余であり，うちきわめて小規模である．

住民はイタリア民族が大部分であるが，他国の支配を受けた歴史的経緯のある北部ではゲルマン系，フランス系，スラブ系の人々も居住し，また南部イタリアにはアラブ系，アフリカ系の住民も見られる．言語はイタリア語を中心とするが，トレンティーノ＝アルト・アディジェ自治州においてはイタリア語とドイツ語，ヴァッレ・ダ・オスタ州においてはイタリア語とフランス語の二言語併用が，前者においてはラディン語も公式に認められており，またフリウリ＝ヴェネツィア・ジュリア自治州においてはフリウリ語（イタリア語のフリウリ方言ではなく，ラディン語に近く，イタリア語と並ぶ一言語として位置付けられている），スロヴェニア語等の使用（地域によっては二言語併用）が広く認められている．ヴェネト州においては一部でラディン語，ドイツ語が使用されている他，ヴェネト語がより一般的に使われている．カラブリア州などにおいてはまた，アルバニア語が話される集落も多い．カラブリア州を中心とするアルバニア民族の集落は，中世以来のきわめて長い伝統を持つもので，近年になっての移民とはまったく性格を異にする．もちろん，これらの歴史的な民族，言語的少数グループに加え，最近ではアフリカ，東ヨーロッパ，アジアなどからの移民も多くなりつつある．

第 7 章　イタリアの地方制度と自然災害対策　161

　20 州のうち特別州は 5 州であり，5 特別州のうち 3 州は，民族的な，したがって言語的な理由からも特別州とされているが，国境山岳地帯（3 州）や島嶼部（2 州）に位置するという地理的な特殊性に加え，イタリア憲法制定以前に遡る州憲章（2 州）を持つという歴史的な特殊性を持つものもある．

　地方自治の基本構造は，州（regione），県（provincia），コムーネ（comune）による三層制からなる．新地方自治法（1990 年法律第 142 号）第 2 条には，地方自治に関する法律が適用される地方団体として，コムーネ，県の他に，大都市（citta metropolitana），大都市圏（area metropolitana），地区（都市により，zona, quartiere, circoscrizione などと呼ばれる），山岳部共同体（comunita montane），コムーネ共同体（unioni dei comuni）などが地方行政を支援する単位に数えられている．

　イタリア憲法は，いくつかの条文に地方自治を規定している．まず，憲法第 5 条が，地方自治の認知と推進をうたっており，「一にして不可分の共和国は，地方自治を承認し，かつ促進する．共和国は，国の事務において，最も広範な行政上の分権を行い，その立法の原則および方法を，自治および分権の要請に適合させる．」と規定する．

　第 114 条が，コムーネ，県，大都市，州，そして首都ローマの規定を行っており，「共和国は，コムーネ，県，大都市，州および国から成り立つ．」「コムーネ，県，大都市，州は憲法によって定められる原則に従う固有の憲章，権限，職務を有する自治体である．」「ローマは共和国の首都である．国の法律がその制度を定める．」ことを定める．

　第 116 条は，特別州（フリウリ＝ヴェネツィア・ジュリア，サルデーニャ，シチリア，トレンティーノ＝アルト・アディジェ，ヴァッレ・ダ・オスタ）の規定であり，「フリウリ＝ヴェネツィア・ジュリア，サルデーニャ，シチリア，トレンティーノ＝アルト・アディジェ，ヴァッレ・ダ・オスタの各州に対しては，憲法法律で定める特別の規則に従い，自治の特殊な形式と条件が認められる．」ことが明らかにされている．州名が憲法上に列挙されてい

るため，何らかの変更がある場合はすべて憲法改正を伴う．

第131条は，州の規定であり，ピエモンテ，ヴァッレ・ダ・オスタ，ロンバルディア，トレンティーノ＝アルト・アディジェ，ヴェネト，フリウリ＝ヴェネツィア・ジュリア，リグーリア，エミリア＝ロマーニャ，トスカーナ，ウンブリア，マルケ，ラツィオ，アブルッツォ，モリーゼ，カンパーニア，プーリア，バジリカータ，カラブリア，シチリア，サルデーニャが列挙されている．

1 地方自治体に関する憲法規定

イタリア共和国憲法における地方自治体に関する規定は，「第5章 州，県，コムーネ」の憲法第114条〜憲法第133条に定められている．近年の地方分権にまつわる憲法改正の具体的な内容は次の通りとなっている．

1999年，国会は州の自治権を強化することを目的として，憲法第121条〜123条および憲法第126条の4箇条の改正，および2000年4月に行われる普通州選挙における経過規定を盛り込んだ憲法改正案（1999年11月22日憲法的法律第1号「州首長の直接選挙及び州の憲章自治の強化に関する規定」）を可決した（2001年5月に憲法改正の国民投票が行われ可決された）．

2001年，地方自治に関する15の条文にわたる憲法改正が行われた（2001年10月18日憲法的法律第3号「憲法第2部第5章の改正」）．憲法第114条は，従来，「共和国は，州，県およびコムーネに区分される」と定められていたものが，改正後は「共和国は，コムーネ，県，大都市，州および国から成り立つ」と定められた．この条文は地方行政のそれぞれの主体が憲法上同じ地位を有し，他のレベルの地方団体，州および国と関係を結んでいることを明示したものとなっている．また，県とコムーネは，新しい憲法の条文で「固有の憲章，権限，職務を有する自治団体」と定義された（憲法第114条第2項）．州は立法権（憲法第117条）と組織自治権（憲法第123条）を持ち，さらに，予算に関する一定の自治権も持つこととなった（憲法第119条）．

イタリア共和国における地方財政に関する規定は，憲法第119条に定められているが，第5章の他の条文と共に先に触れた2001年の憲法改正で大幅に変更されている．旧条文が，共和国の法律に基づいて，州が財政に関する自治権を持ち，国，県，コムーネの財政との間で財政調整を行うことが定められていたのに対し，新しい条文では，コムーネ，県，州が，予算に関する一定の自治権を持つことを表す内容に改正されている．

2　地方自治に関する法律

今日のイタリアにおける地方自治の法律の元となるのは，1990年に改正された新地方自治法（1990年6月8日法律第142号）である．同法は，地方自治体の機能を新たに定義するとともにその構造およびマネジメント・スタイルを刷新し，イタリアの地方分権化の基礎となっている．同法はまた，行政手続き上の改革や行政情報の公開などの基礎を定めたが，これらは，いずれも後にバッサニーニ法に継承され，その中核をなすものとなっている．同法は，1998年6月16日法律第191号，および1999年8月3日法律第265号によって，地方自治体の位置づけ，自治権の拡大，住民参加制度，情報へのアクセス権，地方自治体内の分権化（コミュニティ行政），権限の移譲，大都市圏の定義および権限について修正され，また，2000年8月18日委任立法第267号によって集大成され，さらに2001年の憲法改正（2001年10月18日憲法的法律第3号）によって州が自治体として位置づけられ，今日に至っている．

新地方自治法第2条には，地方自治に関する法律が適用される地方団体として，コムーネ，県，大都市，山岳部共同体，コムーネ共同体が列挙されている．

バッサニーニ法とは，① 1997年3月15日法律第59号「職務及び任務の州及び地方自治体への授与，公行政改革並びに行政の簡素化のための政府への委任」，② 1997年5月15日法律第127号「行政活動並びに決定及び統制手続の簡素化のための緊急措置」，③ 1998年6月16日法律第191

号「1997年3月15日法律第59号及び1997年5月15日法律第127号の改正及び補充並びに職員養成及び公行政における職場以外での労働に関する規程・学校建築に関する規程」，④1999年3月8日法律第50号「脱法律化及び行政手続に関する統一法典―簡素化法」からなる行政マネジメント改革を伴う法律のことを指し，国家行政の権限・機能を州および地方自治体に大幅に移譲することで国家行政組織の分権化をもたらした．許認可手続きの簡素化，ワンストップ窓口制度および自己証明制度，電子政府の導入を中心とする行政手続きの合理化および簡素化を軸に，主に州への行政機能の分散化を進め，組織と運営の改革のための統制と評価のシステム，公共サービスのクオリティ統制の諸制度が導入され，それを分野ごとに専門的に実施，監督する独立組織が設立された．

第3節 地方行政制度の概要

次に，地方行政の単位がそれぞれいかに発展し，機能しているのかを見る．

1 州 (regione)

州は，第二次世界大戦後，国の権限を委譲することでより住民に近い行政を行う目的で新たに定められた行政組織であり，住民の直接投票によって選ばれる州首長 (presidente della regione) および州議会 (consiglio regionale)，州首長によって任命される州評議会 (giunta regionale)，が設置されている．

州には普通州 (regione a statuto ordinario) と特別州 (regione autonoma a statuto speciale) があり，特別州には，シチリア州およびサルデーニャ州の島嶼部2州と，フリウリ＝ヴェネツィア・ジュリア州，ヴァッレ・ダ・オスタ州，トレンティーノ＝アルト・アディジェ州の北部の国境山岳地帯に位置する3州のあわせて5州が定められている（憲法第116条）．

特別州は，一定の分野において独占的な立法権を有する他，他の15の普通州と比べて広い権限が与えられている．また，特別州は，それぞれの区域で徴収される国税（付加価値税を除く）の配分を受ける．対象となる国税の配分比率は，各特別州で異なるが，例えばシチリアでは付加価値税以外のすべての国税について100％の配分を受けている．

州が立法権を有する分野については，原則として行政権も有する（憲法第117条）．しかし，立法および各分野における各種計画等を除く直接の行政サービスは県とコムーネに任せることが望ましいとされている．州が立法権と行政権を有する分野，および国と州が共に立法権と行政権を有する分野については後述する．

2　県（provincia）

県の機関は，住民の直接投票によって選ばれる県首長（presidente della provincia）および県議会（consiglio provinciale）と，県首長によって任命される県評議会（giunta provinciale）からなる．この他，内務省から派遣される県知事（prefetto）が置かれている．県知事は主に公安，秩序維持などを担当し，最近ではテロ対策などを通じて権限を強化する傾向が見られる．一方，州への権限移譲に伴って国の出先機関が整理統廃合される中，県知事事務局下にこれらの権限がまとめられつつあり，県知事事務局の今後のあり方として注目されている．県の財政規模は歳出規模において州の5％強，コムーネの10％強に過ぎず，地方行政機関の中で占める機能が比較的小さいことがわかる．

県は以下の分野において，県全域に係る行政事務またはその所属するコムーネ間の調整などに関する行政事務を行うことが定められている（地方自治統一法典第19条第1項）．

・環境保護および環境影響評価
・防災
・水資源およびエネルギー資源の保全等

・文化財の評価
・交通政策および運輸（輸送）
・公園，自然保護区等，自然環境および生息する動植物の保護
・狩猟および釣りに関する規制
・県のレベルで行われる廃棄物処理，水質汚濁，および大気中排気ガス，騒音の測定・規制・監視
・国および州から委任された公衆衛生および予防等の保健サービス
・国および州から委任された学校建設，および中等教育・芸術教育・職業教育にかかる事務
・統計情報の収集および分析，コムーネ等の地方団体の運営に関する技術的な支援

　県は，各コムーネとの協力およびその提案に基づいて定められた計画に基づいて，経済，産業，商業，観光，社会，文化，スポーツの各部門において，県域における行政上の事務事業の調整・推進を行うことが定められている（地方自治統一法典第19条第2項）．

3　コムーネ（comune）

　コムーネの多くは，中世の自治都市時代からの長い歴史的・文化的伝統を受け継いでおり，地域共同体としてのアイデンティティが強い．コムーネの機関は，住民の直接選挙によって選ばれるコムーネ首長（sindaco, コムーネ代表者）およびコムーネ議会（consiglio comunale）と，コムーネ首長によってその構成員である評議員（assessore）が任命される市評議会（giunta comunale）からなる．

　コムーネの行政権については，統一的な執行を確保するために国および州の権限に基づき広域の団体に行政権を委譲することを示しつつ，第一次的には住民に最も近い地方自治体であるコムーネに帰属されることとなっている（憲法第118条）．また，地方自治統一法典第13条にも「国の法律または州の法律の上で帰属が明確に規定されている事務を除いて，住民

サービス，地域コミュニティ，地域整備および土地の利活用，経済発展に関する事務は，主としてコムーネに属する」とされている．

近年のイタリアにおける地方分権化により，地域住民および地域社会にかかわる事務のうち，県，大都市，州，国に属するものとされるもの以外のすべての事務は，補完性の原則によりコムーネに属することとされている．

コムーネに属する事務のうち，バッサニーニ法によって，新たに国や州から権限委譲された分野は，以下の通りとなっている．

- 生産活動の統制（支店の設置，工業施設の設置，拡大および閉鎖に関する手続き，建設許可等）
- 地域見本市（出店資格の確認と出店の許可）
- 都市建造物および土地の登記（20,000人以上の住民が住むコムーネについては登記事務および登記事項証明書の発行）
- 公共事業
- 住民の安全（コムーネ区域内の緊急措置の適用，単一または複数のコムーネ間の緊急時対応計画の準備，初期救急措置の実施，ボランティア消防団の組織化）
- 保健衛生（緊急時における地域の保健衛生問題等に関する対応，州の計画への参加）
- 社会福祉（各種サービスの供給，また年少者，青年，高齢者，家族，身体障害者，薬物依存者，社会福祉に関する協同組合，公共慈善救済施設，福祉ボランティア等に関する事務のすべてまたは一部）
- 文化活動（コムーネに属する文化財の再評価，文化活動の促進）
- 行政警察（地域レベルで行う自転車等の競技会開催許可，刃物類行商資格，代理人資格，一般行商資格，射撃インストラクター資格，アパート賃貸申請の受付，その他コムーネにかかる行政警察措置全般）

4　大都市（città metropolitane）

大都市は，憲法（第114条）ならびに地方自治統一法典（第2条）において地方自治体と定められているが，現在に至るまで現実的には設置されて

いない．地方自治統一法典（第23条第1項）には，大都市として，トリノ，ミラノ，ヴェネツィア，ジェノヴァ，ボローニャ，フィレンツェ，ローマ，バリ，ナポリの大都市圏（地方自治統一法典第22条第1項）内の中心都市と周辺コムーネの間で形成されると定めている．大都市は県と同等の機能を与えられる（同23条第5項）．

5　山岳部共同体（comunità montane）

　山岳部共同体は，その全部または一部が山岳地帯に位置するコムーネの広域行政組織であり，コムーネ間での事務の共同処理を目的とされている（地方自治統一法典第27条第1項）．山岳部共同体の設置は，各州の規定に基づき，州首長により決定される（地方自治統一法典第27条第3項）．代表者（議長）は，山岳部共同体を構成するコムーネの首長の一人が務める．代表機関は山岳部共同体を構成するコムーネの議会から任命される議員からなる．執行機関は山岳部共同体を構成するコムーネのコムーネ首長と評議員により構成される（地方自治統一法典第27条第2項）．山岳部共同体は，国法および州法によって山岳部共同体の事務とされたものおよび国等から委任された事務を行うとされ（地方自治統一法典第28条），この点においてコムーネ共同体とは異なる．山岳部共同体について，以下の事項を州法で定めることとなっている（地方自治統一法典第27条第4項）．

・認可する法律の条項
・協議の手続き
・地域計画および年間計画の管理
・山岳部共同体における州および欧州連合からの補助金の分配基準
・山岳部共同体と区域内で権限を有するその他の団体との関係

　山岳部共同体は，固有の徴税手段を持たず，国および他の地方団体等からの補助金および預託貸付公庫（cassa depositi e prestiti）からの貸付金を財源としている．近年政府は，山岳部共同体の縮小を進めており，一部地域においては廃止に至っているが，同時に，小規模自治体の多い山岳部にお

いて山岳部共同体が一定の機能を果たしていることも評価されており，議論が続いている．

6 コムーネ共同体（unioni di comuni）

コムーネ共同体は，事務を共同で処理する目的で，複数のコムーネによって構成される広域行政組織である（地方自治統一法典第32条）．機関は，コムーネに関する規定に準じて選ばれた議会，評議会，および議長からなる．議長はコムーネ首長から一人が選出され，他の機関はコムーネ共同体を構成するコムーネの評議員および議員から選出される（地方自治統一法典第32条）．

第4節　地方財政制度

EU統合はイタリアに対し，財政赤字の削減，システムの透明性，市場志向，合理性，効率性，そしてクライエント志向の行政サービスを要請し，公私両セクターの組織，パフォーマンスにさまざまな影響を与えてきた．現在，新しい政治・経済システムに参加するための条件である行財政システムの透明性の保障が求められ実現されつつある．つまり，行政の分権化とそれによるアカウンタビリティの向上，『財政連邦主義』に基づく財政の分権化とそれによる行政の地方分権化の補完が進められてきた．

現在の地方分権の潮流は，新地方自治法（1990年6月8日142号法）に端を発する．同年90年241号法はまた，行政手続きおよび行政情報へのアクセスを定めるが，これはいずれもバッサニーニ法に継承され，その中核をなすものとなっている．その後，県および市（コムーネ）について首長の直接公選制度を導入した新しい地方選挙法である93年81号法が地方分権，行革の政治的な条件を整えた．

行政事務および手続きの合理化，簡素化を軸に主に州への行政機能の分

権化を進め，また組織と運営の改革のために統制と評価のシステムを導入し，そして情報公開の原則，行政情報へのアクセスの保障をも盛り込んだバッサニーニ法（le leggi Bassanini, 97年3月15日59号法および97年5月15日127号法，1997年3月15日59号法「職務及び任務の州及び地方自治体への授与，公行政改革並びに行政の簡素化のための政府への委任」，1997年5月15日127号法「行政活動並びに決定及び統制手続の簡素化のための緊急措置」，1998年6月16日191号法「1997年3月15日59号法及び1997年5月15日127号法の改正及び補充並びに職員養成及び公行政における職場以外での労働に関する規程・学校建築に関する規程」，1999年3月8日50号法「脱法律化及び行政手続に関する統一法典－簡素化法」）が，「小さい政府」のコンセプトに基づく行政改革，つまり，民営化や地方分権化を通じて，従来の行政組織の縮小と同時にその機能の強化をめざす．1990年142号法の修正である98年6月16日191号法がこれらを補完する一方，当時の国庫相チャンピ（C.A.Ciampi）氏によって推進されたためにチャンピ法（la legge Ciampi）と呼ばれる97年4月3日94号法は財政システムの合理化を中心とする．98年3月31日112号委任立法（decreto legislativo, D.LGS.）などがバッサニーニ法を具体化，その基礎を固めた．

　同時に，財政改革を一争点として闘われた96年4月の選挙を経て政権の座についた第一次プローディ内閣の財政改革は，ガッロ委員会（Commissione Gallo）の財政連邦主義の提案を引き継いだ．96年662号法によるガイドラインの発効によって幕を開け，97年12月15日446号委任立法に基づく州生産活動税IRAPの導入，およびその細則を明らかにした98年6月4日，9日の141/E，144/E号財務省通達によって財政も分権化に向けて動き出した．当時の財務相ヴィスコのイニシアティブによる一連の財政改革（riforma Visco）は，財政連邦主義に基づき，90年142号法からバッサニーニ法に至る系譜によって進められた行政機能の分権化を財政面から補完した．

　この財政改革は，財政赤字の減少と安定，インフレ率の下降と安定を実

現したのみならず，州生産活動税の導入をはじめとして，租税制度の合理化と分権化に向けて動き出しており，財政連邦主義の実現をめざす．実際，このためのさまざまな方法論を導入した．租税制度の整備はもちろん，財政構造の健全化と分権化がめざされた．

こうして，EUの経済・市場統合，ユーロ第一陣参加のため，財政赤字を対GDP比3％以内に抑えるという国家財政再建の要請を受け，財政改革のみならず，租税制度改革が始まった．

分権化を柱とする90年の地方行政改革を契機に，税制も分権化が進められた．89年にコムーネ事業・工芸・専門職税（ICIAP, Imposta Comunale per l'esercizio di Imprese e di Arti e Professioni）が導入されて以来，コムーネのレベルではさまざまの改革が行われたが，93年に導入された市不動産税（ICI）が，財政構造を革命的に変えた．税収は増加，最も重要な財源として定着しつつある．

98年に導入された州生産活動税（IRAP, Imposta Regionale sulle Attività Produttive）は，外形標準課税の地方法人課税であり，目的税ではないが，その財源のほとんどは州の医療保健サービスに充当されており，第一に，州を課税団体とする税目の創設による財政の連邦化（分権化）の促進という意味を持つ．第二に，これまでの複雑多岐にわたる税を統廃合し合理化する必要に迫られたものであった．ICIAPをはじめ，事業者，従業員，その他生産活動税の納税義務者によって支払われる全国健康保健基金の分担金，事業者が納税義務を負っている年金生活者への健康保健補助，地方所得税（ILOR, Imposta Locale sui Redditi），純資産税，付加価値税記帳番号（partita IVA）登録料，コムーネにおける許認可料などが廃止され，IRAPに統合された．創設の第三の意義は，全国健康保健基金，および州ごとに徴収されるにもかかわらず中央主権的に運営されていた健康保健分担金によって営まれていた医療保健行政の改革，分権化である．このため，医療保健行政の実際の単位である州の自主財源の強化が要請される．第四の背景は，家族経営の中小，零細企業の多いイタリアにおいて，借入金に依存

する従来の経営形態を変え，自己資本率を高める必要性であった．これは，二重水準の事業所得税（Dual Income Tax, DIT）の導入によって補完される．ただし，DIT は，2004 年に法人所得税 IRPEG（Imposta sul Reddito delle Persone Giuridiche）が IRES（Imposta sul Reddito delle Società）に再編された際に廃止されている．州税の整備による州への財政の分権化には，国家の財政赤字を地方に肩代わりさせた，という批判もあるが，租税制度，財政構造の分権化には大きく貢献したといえよう．

第5節　ラクゥイラ地震によって明らかになったこと

1　予測の責任問題

　予測の責任という問題であるが，前述の通り，地震が起きる直前に賢人会議が開催された．日本の気象庁にあたる組織，地震予測の専門家，その他関係者が集まり，警戒されていたラクゥイラ地震について予測する場が持たれた．

　ラクゥイラでは，4月6日に地震が起こる前にも相当な余震が続いており，かなり危険なのではないかと言われていた．ところが，その危険性を周知することで住民がかえってパニックになってはならないという判断から，この賢人会議は，危険は確かにあるものの，住民への避難勧告や地震予告はしない，という結論に至り，結果的には市民に何も周知しないという決断をした．

　この決定は，法廷闘争にまで及んだ．そもそも科学的予測がどこまで可能なのか，ある程度予知できたとしても，市民に対してどの段階でどこまで知らせるのが適切なのか，今回の場合，危険性があるということだけでも知らせるべきではなかったのか，が大きな争点となった．

　これはヨーロッパ中が最も注目した裁判の一つとなった．結果的には，科学的予測の責任が問われることになった．自然災害の予測責任というこ

とが法的に追及されるのは初めてのことであり，今後，日本においても，地震予測の責任の所在，また情報提供の義務などが，重要な問題となると考えられる．

2　直後の救助活動

　直後の救助活動においては，ラクゥイラ地震の被災地は東日本大震災と比べると非常に狭かったものの，全国からボランティアが集まり，シビル・プロテクションがコーディネーターとしての役割を果たした．

　さらに，シビル・プロテクションと並んで国防警察も活躍した．イタリアでは，国家警察，地方警察の他に，軍備をしている警察，一般的に国防警察と訳される組織がある．平常時には，凶悪犯罪，広域犯罪，組織犯罪，インターポールとの協力などの活動をし，災害時においては軍や地元警察をコーディネートする機関としての役割も果たす．このように，警察組織であって広域性を有する機関であるため，軍よりも動きやすく，かつ機能性があり，シビル・プロテクションと同様に，さまざまな災害救助活動において大きな役割を果たしている．

　しかし本来，公安，市民の安全確保，災害救済に関して最大の役割を担うべき組織は，官選知事，プレフェットである．イタリアの場合，官選知事が存在し，官選知事府，プレフェットゥーラが，市民の安全確保などセキュリティの担当組織である．今回は，プレフェットゥーラ自体が大きな被害を受けたため，本来地元でコーディネートの力を発揮すべき組織が，まったく機能しなかった．ところが，救助活動が終盤にさしかかる頃になると，プレフェットゥーラもその機能をある程度回復し，自らのそもそもの所掌分野の侵害ではないかと主張し始め，シビル・プロテクションや国防警察との衝突が増えた．

　ラクゥイラ市はアブルッツォ州の州都であり，またラクゥイラ県の県庁所在地である．州，県，市それぞれの役割分担が救助活動の過程において徐々に不透明になり，実際問題としてはかなり重複していた．もっとも，

これらの衝突が救助活動の妨げになったかというと，必ずしもそうではなく，コーディネーターであるシビル・プロテクションが機能していたため，救助活動は比較的スムーズに行われた．

なお，世界各国からの救助部隊が24時間以内に到着し，ヨーロッパ主要6カ国も救助活動に加わったが，それらのコーディネートもすべてシビル・プロテクションが行った．

3　違法建築問題

違法建築に改めて大きな関心が寄せられたことも，この地震がもたらしたことの一つである．

イタリアにおいては，日本と同じように，基礎自治体レベルで建築申請が行われているが，この地震で，学生寮の他にもかなりの違法建築が確認された．これらの違法建築の多くは，歴史的な都市であるために既存の建築を増改築することが常に難しく，結果的に未申請で増改築を行い，構造的に無理が生じている．もう一つの理由は，イタリアのみならずヨーロッパに特徴的な問題である．最近，ドイツやフランスなどでも地震があり，震度の割に大きな被害が出ているが，これは歴史的中心街の教会や行政機関など古い建造物が元来，耐震構造になっていないことによる．

イタリアでは1908年にシチリア州のメッシーナで大きな地震があり，以降，耐震の必要性が指摘されてきたにもかかわらず，その経験が活かされなかった．今回の地震で改めてその重要性が問われるようになったのである．

4　救助・復興の体制

課題の多い機関ではあるが，救助については，シビル・プロテクションが中心的な役割を担った．当初，同機関が機能的・機動的であったことは賞賛されたが，同時に，強権を振るい，他の機関との協働を拒み，自分たちが常に主人公であり続けようとした．その結果，同機関を通さないと何

も動かないという現象も起こり，やがて批判の対象となっていった．

　地震発生は4月上旬で，通常であれば次第に暖かくなる時期であるが，2009年は厳冬であった．またラクゥイラは山岳地帯に位置するため，厳しい寒さに見舞われた．震災後，すぐにテント村が作られたが，テントでは寒く，避難生活をおくることができなかったため，周辺地域のホテルを政府が借り切り，避難民はそこに移った．

　一方，歴史的中心街は現在も危険な状態にある．ラクゥイラ旧市街は，石造りの建造物の多くに亀裂が入り，半壊，あるいは全壊状態になっているのにもかかわらず，壊すことはもちろん，瓦礫の撤去も充分にできておらず，歴史的中心街全体が完全に閉鎖されたままになっている．この問題に関しては，自宅は無事なのになぜ歴史的中心街だからという理由で自宅に帰れないのかと問う住民たちに対し，市，県，州，そして中央政府も回答できないという状態が続いた．

　現在も，ラクゥイラの旧市街は閉鎖状態が続いているが，これは石造りの建造物ゆえの問題である．地震が小規模であったにもかかわらず，その後2年を経過しても多くの問題が解決されていないが，都市計画制度と都市の構成，建築物の性格的によるところが多い．

5　復興プロジェクト

　ここで，日本に参考になると思われる点をいくつか取り上げる．

　一点目が，耐震住宅の建設である．4月6日の地震発生後約1カ月の5月16日，イタリア内閣府のサービス委員会は，C.A.S.E.プロジェクトの実施を決定した．C.A.S.E.とは，家という意味のイタリア語casa（カーザ）の複数形case（カーゼ）と，持続可能で環境に優しい耐震構造住宅という言葉の頭文字をとったC.A.S.E.の二つがかけられた造語である．

　これはもちろん，自宅を失った被災者に対する住宅の提供という側面もあったが，前述の二つの問題点，つまり，違法建築が多いこと，そして，そもそも歴史的な建築物に耐震性が備わっていなかったことから，家屋を

徐々に更新してゆくことがこのプロジェクトでめざされた（表1）. 9月29日に最初の400棟が引き渡されている.

表1　C.A.S.Eプロジェクト

- ◎ 2009年5月16日に内閣府サービス委員会がC.A.S.E.プロジェクト（持続可能で環境に優しい耐震構造住宅の頭文字と『家（casa）』をかけた表現）決定
- ◎ 9月29日に最初の400棟を引き渡し
- ◎ 2010年8月13日までに8億900万ユーロが使われ（7億ユーロは政府資金. 3600万ユーロは寄附. 3億5000万ユーロはEUから. 合計10億8600万ユーロの財源中）, 4449棟が完成
- ◎ 15000人が生活. 1㎡あたり1368ユーロ

このプロジェクトの特徴は, その資金の流れにある. 2010年までの当初プロジェクトがその後も継続しており, 政府資金を中心に財源が保証されている一方, 相当額がEUから出資されている. EUより地震等自然災害の非常時に対する資金援助を得, その他, 寄附も活用している. 結果的には, 2010年までの時点で4449棟が完成した.

現在, C.A.S.E.プロジェクトによって建設された住宅に約1万5000人が生活している. 建設費が比較的安く環境にも優しい, エコ住宅となっている. この住宅は耐震構造的にも新技術を用いているが, 初期に完成したものの中には, 工期が極端に短かったこともあり, 問題があることが指摘されている.

もう一つは, 日本の仮設住宅にあたるプロジェクトである. 上記のC.A.S.E.プロジェクトでは住宅建設に時間がかかるため, 同時並行でM.A.P.プロジェクトが実施された（表2）. M.A.P.プロジェクトの住宅は, いわゆるプレハブ住宅である. ただし, プレハブ住宅ではあるものの, 従来の北欧型プレハブ住宅のように完成したモジュールを必要箇所に設置していくタイプよりは本格的で, かつ木造である. イタリアにおいては近年, 南チ

ロル地方のトレンティーノ＝アルト・アディジェ州で，エコ住宅が実験的に製造されており，ラクゥイラにおいてはこれが，暫定住宅のモデュールとして導入された．

表2　M.A.P プロジェクト

◎2009年9月に M.A.P.（暫定住宅モデュール）プロジェクトによる93棟が引き渡し
◎赤十字への寄附520万ユーロによる
◎36日間で220棟を完成し，1 m²あたり733ユーロ

このプロジェクトにより，地震が起こった2009年9月に93棟が被災者に引き渡された．M.A.P. プロジェクトは，イタリア赤十字への寄附を主な財源としている他，企業からの寄附，これは資金のみならず資材の寄附もあったが，それらを中心に，政府資金をほとんど使っていない．

当プロジェクトは既に終了している．発災直後の暫定措置という性格から，約1カ月の間に220戸を完成させて提供した．建設費も安いため，9月以降はかなり寒くなるラクゥイラの被災者が厳冬期を前に暫定住宅に移れるようにと，付加的，かつ補完的なプロジェクトとして行われた．

第6節　政府間関係とシビル・プロテクション

ラクゥイラ地震において一定の役割を果たしたシビル・プロテクションだが，これを経て，不透明に肥大化していった．もともと内閣府の内局でありながらかなり独立した組織であったが，これを機にきわめて独立性を強くし，また，本来地元のコーディネーターとなるべき官選知事府が軽視されたことが，今回の地震に関して問題となった．

特に，州が相対的に不在となったことは問題視された．イタリアでは

2001年の憲法改正により，州に大きな権限移譲が行われた（表3, 4参照）．本来であれば州が，災害後の復興計画，地域計画を立てるべきところ，州が不在だった．

表3 2001年改正憲法の特徴

- ◎コムーネ（基礎自治体），大都市圏，県，州は，国と又相互に対等な関係にある自治体として明確に位置づけ．ローマを首都として明記
- ◎行政権は一義的にはコムーネに帰属し，補完性の原理によって，大都市圏，県，州へ配分
- ◎立法権については，国が専管する事項，国と州が共管する事項が限定列挙．それ以外の事項は州に立法権
- ◎第119条に，地方自治体の財政自主権が規定されている（財政連邦主義）．同時に，担税力の乏しい地方自治体のために均衡化基金の設置が規定
- ◎国と州の権限について紛争が生じた場合は憲法裁判所が判断

表4 2001年改正憲法における州の権限

- ◎2001年の憲法改正により，従来は憲法に明確に規定された立法権限のみが州の権限とされていたのが，憲法に国の立法権限（国の排他的権限，基本的原則を定める権限）が限定列挙され，それ以外は州の立法権限（州の排他的権限，国の基本的原則の下での権限）とされた
- ◎州の排他的権限について，国は法律を制定することはできない．ただし，国は，市民への平等なサービスの提供，競争の維持，公共秩序の維持といった原則に基づいて，介入することは可能

イタリアには州が20あり，日本の都道府県とほぼ同じ平均人口を有する（表5）．県は103，市町村は8000であり，非常に規模が小さい．その中で市町村の調整をするのは県であり，市，県，州の政府間調整を担うのは州である．

表5　広域自治体の比較

国	日本	イタリア
サブナショナル政府	都道府県	州
平均人口	271万人	287万人
平均面積	0.8万km²	1.5万km²
人口格差	20倍	76倍

　地震などの自然災害に関する危機管理は，特殊な状況下で行われるため，日常的ではないガバナンスの力が働く．ラクイラ地震の場合は，ベルルスコーニ政権の復活とシビル・プロテクションの巨大化が相まって，一見うまくいったように見える部分もあるが，結果的にきわめて特殊な政治状況が生まれた，ということができよう．

　シビル・プロテクションは内閣府の一部局である．ただし，同様に内閣府下にある公共機能庁などの他庁とは異なり，やや特殊で独立性が強い．

　危機管理に関してのみではあるが，超法規的とさえいえる権限を持っており，通常の行政機関のヒエラルキーを超えた組織となっている．このため，通常であれば他の機関との調整，あるいは内閣府との調整が必要なはずだが，地震，水害，あるいは大規模な事故などに関しては，通常の意思決定・調整過程を経なくてもよいという，特殊な存在である．

　シビル・プロテクションが不透明な組織だとされる原因の一つは，2001年11月9日法律401号により，大規模イベント・オーガナイザーとして機能しているという点にある．危機管理だけではなく，ワールドカップなどの大規模スポーツイベントの際には，訪れる多数の市民の安全確保が必要であるという理由からセキュリティの確保，交通整理等をするのみならず，イベントそのものの誘致，施設建設などにも関与している．

　このようにスポーツのみならず，さまざまなイベントを手がけているが，これらの内容にきわめて不透明な部分があり，法律問題にも発展している．例えば，2009年ローマで開催された世界水泳選手権（世界水泳ローマ2009）

時には，そのコーディネーターとして，セキュリティ確保等ではない部分においてシビル・プロテクションが参加していたことが問題になった．

イベント会社としての役割を果たしているといえるが，もともとの役割と異なっているのみならず，その役割そのものが曖昧であり，民間企業へのアウトソーシング，例えばスポーツイベントであれば，施設を運営する企業，あるいはケータリングや人材派遣会社などとの関係が増えている．シビル・プロテクションの役割のうち，この大規模イベントのマネジメントという側面が持つ不透明性が大きな問題となっている．

また，歴史的中心街が閉鎖されたことに加え，広範囲にわたって都市の活動が停止したため，さまざまな公共サービスも休止した．水道，電気，ガス等が停止すると，自宅が無事だった被災者も旧市街に住むことは実質的にはほぼ不可能となり，ニュータウン建設が進んだ．

イタリアの歴史的中心街の再建は，法律的にも，また物理的にも難しいため，かなり遠方にまで分散してニュータウンが建設された．その結果，高齢者を中心に，自分の住み慣れた土地から離れたくないという人はニュータウンには移らず，ラクゥイラ近郊での避難生活が長い間続いた．

ラクゥイラ地震後，ニュータウン建設がきわめて迅速に進んだ背景には，地震直後からシビル・プロテクションのトップ，政治家，そして関係の深いビジネスマンたちが，当初よりニュータウン建設ありきで，かつ水面下で動いていたことがあるといわれている．中でもシビル・プロテクションがきわめて大きな力を持ち，建設業者などの民間企業と従来から強力な関係を持っていたため，また例えば，入札などの過程をもシビル・プロテクションが統一的に実施したため，良くいえばスムーズ，悪くいえば不透明であった．シビル・プロテクションが関係の深い特定の企業に事業を横流ししていたのではないかという疑いについてはその後，検察が調査を実施している．

第7節　ラクゥイラ・サミット

　もう一つ，ラクゥイラの状況を変えるためと言われながら，きわめて不透明だったのが，ラクゥイラ・サミットである．

　2009年のG8は，もともとイタリアがホスト国であり，サルデーニャ州のマッダレーナで開催される予定であった．ホテルや会場の建設が進んでいたが，地震を受けて急遽，ラクゥイラでの開催に変更された．当時の政府の方針としては，サミット開催地とすることで瓦礫の撤去や道路の再建をする，サミット会場を建設，整備することでその後使えるような施設として役立てる，という説明であったが，セキュリティ上の問題があること，ホテルなどが確保できないこと，そしてローマからさほど遠くないということもあり，各国首脳はローマの大使館等に滞在し，毎日ヘリコプターや車で移動して会議に参加するというありさまで，ベルルスコーニ政権のメディア作戦のみにとどまった．

　当初首相が発表していた被災者救済に資する施設の建設はまったく行われなかった．のみならず，むしろ，各国首脳が現地を訪れることから，最低限のセキュリティを保障するため，また体裁を整えるためにいくらかの整備を行ったことで，本来被災者救済に使うべき費用をサミット開催に使ってしまったという批判もある．

第8節　イタリアにおける自然災害への対応

　イタリアは，自然災害が多い国であるが，ここでは，関連する制度，財源，また，そもそも自然災害をどのように捉えてきたのかをまとめる．

　イタリアも日本と同様，地震国，かつ火山国であり，非常によく似てい

る．近代においては，1908年のシチリア州のメッシーナ地震が一番規模の大きな地震であったが，20世紀における地震や火山噴火としては，2009年のラクゥイラ地震前に大きな地震が3回発生している．1915年のアヴェッツァーノ，1976年のフリウリ，1980年イルピニアである．中でも特に有名なのが，ナポリの近くで起きた1980年のイルピニア地震である．

また，他の自然災害としては，山の多い地域であり，山の勾配が急で河川も短く急であるため，水害が多発する．水の豊かな国ゆえ，水に関する問題も多く，水害が自然災害の中で大きな位置を占める．

まず対応体制であるが，どのような災害の場合にも，シビル・プロテクションが中心的な役割を果たす．また，国防警察，そして地域においては県レベルに設置されている官選知事府が重要な役割を果たす．問題は，自然災害が起こった後は驚くべき迅速さ，敏捷性を持って対応するものの，防災体制が充実していない，つまり，予防面がきわめて脆弱なことであり，今まで何度も指摘されてきたにもかかわらず欠落している，というのが現在の最大の問題点である．

1908年のメッシーナ地震は，きわめて大規模な地震であった．それまでは石造りの建造物が当たり前で，教会など中世来の建造物を前提としたまちづくりであったが，これをきっかけに初めて，近代的な耐震構造が研究されるようになり，また，地殻変動や地震，火山に対する科学的調査研究も進んだ．地元のメッシーナ大学は，地震・火山研究の拠点となっている．

メッシーナ地震はしかし，都市計画や復興・再建ということにはあまり寄与しなかった．時期が1908年と早かったこともあるが，被災地一帯が当時は貧困地帯だったため，復興して同地で生計を立て直すのではなく，そのまま放棄して移住するという選択をした住民が非常に多かった．20世紀初頭，イタリアからアメリカへの移民の中心はシチリアからであったが，メッシーナ地震もその大きなきっかけとなっている．

これに対し，1980年のイルピニア地震は，ラクゥイラ地震よりマグニチュードも大きく，6.5であった．震源も深い．また，地域的にも被災地がきわめて広域にわたったため，死者もラクゥイラ地震とは比べものにならず，10倍近い犠牲者を出している．建物の被害状況についても，ラクゥイラ地震とは桁違いの被害があった．

　最も大きな被害を受けたテオラ市は，ほぼ壊滅状態であった．イルピニア地震後の復興は，当時のリラをユーロに換算すると，1991年予算までにかかった公的な復興費用は260億ユーロにのぼる．

　1980年に起こったこの地震の復興費用への支出はまだ続いており，2008年までにすべての復興費用として660億ユーロが支出されたが，これには公的な復興予算以外も含まれており，EUからの補助金等も含まれている．2007年予算においては，15年計画，2022年までに，さらに350万ユーロが投入されることが決まった．会計検査院がこれまでにさまざまな評価をしており，地震直後の支援については高く評価されているが，一方，被災地を主な選挙区としていたチリアコ・デ・ミータ元首相によって，選挙区域に巨額の復興資金が誘導されていたことも知られている．

　石造りの建造物の多い歴史的中心街において壊滅的な被害があると，地震発災後30年を経てなお毎年のように公的費用が発生する．公的費用はさまざまな形で負担されており，現在もイタリアの国民全体が負担しているものとしては，ガソリン税に付加されている負担分がある．

　ラクゥイラ地震の場合，暫定措置令であるアブルッツォ令が出され，さまざまな支援の内容が具体的に示されている（表6参照）．

　イタリアにおいて法律の前段階に二種類あり，その一つは後に法律化することを前提とする委任立法であるが，もう一方の暫定措置令は期限がきたら法律化されずに消滅することが多い．アブルッツォ令は後者であり，期限を過ぎたら終了することになっている．アブルッツォ令では，復興のために10年間に投入される総額，被災者に対する救済については自営業者，一般世帯の別に支給額が決められた．

184　第Ⅱ部　ローカルガバナンスの発露に向けて

表6　アブルッツォ令

◎復活祭直後に成立（2009年4月28日暫定措置令）
◎自営業者については3ヶ月間一月800ユーロ支給（社会保障負担の猶予）
◎一人あたり一月100ユーロ（一世帯あたり最大400ユーロ，65歳以上もしくは障碍者がいる場合は500ユーロ，一人世帯の場合は200ユーロ）
◎公共料金2ヶ月分の支払い猶予
◎住宅の借金4ヶ月返済猶予
◎復興のため，10年間に147億6700万ユーロ投入

第9節　まとめにかえて

　イタリアにおいては，復興においてどこまで国が負担するかについての考え方が，この30年間で大きく変わってきた．

　イルピニア地震の場合，都市機能が麻痺したことと，多数が避難民になったこともあり，都市計画をはじめ，道路や公的施設などインフラを中心とした復興であり，これが80年代の「復興」の範囲であった．現在では，被害を受けた市民への支援，例えば自営業者の場合，3ヶ月間一月800ユーロを支給するとともに，社会保障負担を猶予し，避難世帯には，見舞金を支給している．このような発想は，80年代にはなかった．80年代には，金銭的な給付はなく，家やテント，避難所を確保するというものであった．現在では，インフラの復興だけでなく，こうした保障も復興費用の一部に含まれている．さらに，倒壊した家や瓦礫を撤去する，建て替えをするだけではなく，耐震性を備えたニュータウンを建設することも復興計画の一部と考えられている．

　一方，個人が住宅を再建する場合，耐震性を備えた住宅，さらに，耐熱等，環境にも配慮している住宅に対しては，修繕費・改築費・建築費に関して，さまざまな控除がある．これらの税制に関してはすべて，コムーネ

の担当となっており，したがって，関連する控除についてもコムーネが行う．震災後に限らず，一般に家屋を耐震構造にする他，ソーラーパネルを設置する環境対策などは，控除の対象になっている．

　日本と同様，NPOやボランティアの活躍はラクゥイラ地震の特徴であった．これらに対しイタリアでは，日本のふるさと納税に類似した仕組みがあり，確定申告の際，税額の0.5%，もしくは0.8%を，教会やNPO団体に寄附することができるようになっている．教会に関連する団体がボランティア活動を支えていることも，イタリアの特徴である．また，実際にボランティアに行った人に対する日常的な支援については，シビル・プロテクションが行っている．

　ラクゥイラ地震後の救援活動，復興計画の実施に際しては，比較的トップダウンに政策が実施された．本来であればコムーネと県が中心になるはずであり，市民不在の政策決定・執行に対し，ラクゥイラ市長はたびたび改善を要請している．しかし，ラクゥイラ地震に関しては，市庁舎もプレフェットゥーラも壊滅的な被害を受け，コムーネと県レベルの行政機能がほぼ停止した状態になった．

　イタリアにおいては都市計画の機能はすべてコムーネにあるが，都市計画については課題が多かった．特に問題となったのは，ニュータウンを建設する際，当該地域のコムーネはみな小さいため，ラクゥイラ市内に建設することができず，市外にニュータウンがつくられたことであった．

　イタリアの場合，主要な行政機能はコムーネに集中しており，財政的にも充実している．固定資産税など，コムーネには比較的安定した財源がある．また，国や州からの移転財源もあるため，基本的な行政需要に対してはコムーネが対応できる状態にある．特に都市計画に関しては，建築許可はもちろん，都市計画の基本計画をたてる権限もコムーネにある．この視点からラクゥイラの事例を分析するならば，ラクゥイラ市内の行政機能が停止していたとはいえ，住民の意見を聞かずに復興計画や住宅の移転先が決められたことに対する不満が多かったことは理解できる．

イタリアにおける国，州，コムーネの政府間関係は，基本的には，大規模インフラ，つまり州やコムーネをつなぐ幹線道路や鉄道網，エネルギー関係の配線・配管等に関してのコーディネートの権限，資金配分を担当しているのが国および州である．また，それを圏域の範囲内で実際に整備するのがコムーネであり，比較的厳格に役割分担がなされている．ただし，災害対策に関しては，県という存在が重要な役割を担っている．そもそも県は，国・州・県・コムーネという4段階の中では，ほとんど機能を持っておらず，予算も人員も権限もない．平常時の唯一の機能は，乗用車の登録・管理である．

ナポレオン法制の影響がいまだに強く残っているイタリアにおいては，官選知事の力が強く，危機管理や警察権については県が権限を持っており，有事には県がその権限を発揮するという構造となっている．このため，危機管理に関しては，独立性ゆえ対応が早いという長所もあるが，従来の行政権限の分担には含まれていない組織が加わる形となるため，不満や苦情が出ることもある．県が比較的強い権限を持つことで，EUからの支援金の流れなどを一本化して統制することができ，また，国・州・コムーネ間であれば政府間関係を調整する会議があるが，そのような場を経ずに配分を決めることができるため，財源配分も早くなるが，長期化するとやはり不満が出ることも多い．

中央集権的な，あるいはある機関が強い権限を持っての危機管理は，意思決定と政策執行の速さ，統一性という点では優れているが，住民意見の反映などに限界がある．危機管理の理想形は存在しないが，イタリアの事例は一つのモデルを提供しているといえよう．

参 考 文 献

1. 邦文文献

会計検査院（2003）「イタリアの財政・予算と会計検査の概要」『会計検査研究 No.28』

工藤裕子（2010）「イタリアにおける連邦化の議論と特別州の存在」『公務研修』

工藤裕子（2009）「政権交代と固定資産関連税：『最も安定的な税源』は神話か」『資産評価情報』

工藤裕子（2006a）「フランス・ドイツ・イタリアにおける地方公務員研修―地方公務員制度と研修機関」『自治フォーラム』

工藤裕子（2006b）「イタリアの地方税制および『連邦化』をめぐる動きについて」『地方における資産課税のあり方に関する調査研究―資産評価の共同化，今度の固定資産税のあり方等について―』財団法人資産評価システム研究センター

工藤裕子（2006c）「イタリア地方自治制度― 2001 年憲法改正を中心に」『21 世紀地方自治制度研究会報告書』財団法人自治総合センター

工藤裕子，森下昌浩，小黒一正（2006d）「イタリアにおける国と地方の役割分担」『主要諸外国における国と地方の財政役割の状況　報告書　欧州３カ国編』財務省財務総合政策研究所

工藤裕子（2005a）「イタリアにおける財政連邦化の進捗状況」『地方分権時代にふさわしい地方税のあり方に関する調査研究報告書―諸外国の地方税制との比較を中心に―』財団法人自治総合センター

工藤裕子（2005b）「イタリアの地方政府システム―イタリアにおける『緩やかな連邦制』の誕生に向けた動き」『広域地方政府システムの提言―国・地域の再生に向けて』総合研究開発機構

工藤裕子（2005c）「イタリアにおける行財政改革の経験」『NPM と社会政策―社会政策研究 5』

工藤裕子（2004）「イタリアの財政連邦主義と税制改革」『地方分権時代にふさわしい地方税制のあり方に関する調査研究報告書』財団法人自治総合センター

工藤裕子（2003a）「イタリアの自治体連合―小規模自治体および大都市圏の緩やかな連合」『月刊自治研』第 45 巻 524 号

工藤裕子（2003b）「先進諸国におけるパブリック・ガバナンス」，岩崎正洋・佐川泰弘・田中信弘編著『政策とガバナンス』，東海大学出版会

工藤裕子（2002）「イタリアにおける行政改革―経営と財政の分権化」『自治総研』第 28 巻 279 号

工藤裕子（2002b）「欧州のガバナンス改革」，宮川公男・山本清編『パブリック・ガバナンス』，日本経済評論社

工藤裕子（2001）「イタリアの『財政連邦主義』による財政構造改革の経験―地方分権は財政の健全化に寄与するか」『地方財政』第 40 巻 8 号

工藤裕子（2000）「イタリアの『財政連邦主義』と州生産活動税 IRAP の導入」『イタリア及びスイスにおける地方法人課税について』全国地方税務協会

工藤裕子（1999）「NPM 理論のヨーロッパにおける展開と適用―イタリアの行政改革，地方分権政策を事例として」『季刊行政管理研究』87 号，（財）行政管理研究センター

工藤裕子（1997）「イタリアの都市計画と土地利用―住宅政策を軸とした都市計

画の展開」『総合都市研究』62 号

工藤裕子（1997b）「ヨーロッパ統合とイタリアの地方自治」『都市問題研究』第 49 巻第 4 号

工藤裕子（1997c）「ICI（市不動産税）の導入とイタリアの地方財政改革」『資産評価情報』

工藤裕子（1995）「首長直接選挙制の導入とイタリアの自治体議会―93 年 81 号法による新局面」『月刊自治研』第 37 巻 431 号

工藤裕子（1994）「イタリアの地方自治と地方選挙制度改革」『選挙時報』第 43 巻 9 号

工藤裕子（1994b）「分権と参加・統治可能性と代表性―イタリアにおける広域行政と政府間関係」『月刊自治研』第 36 巻 422 号

工藤裕子（1994c）「イタリアにおける地方行政改革の試み―90 年 142 号法の意義」年報行政研究 29『行政学と行政法学の対話』日本行政学会編, ぎょうせい

国土交通政策研究所（2002）「EU における都市政策の方向とイタリア・ドイツにおける都市政策の展開」

小島晴洋（1999）「イタリアの社会福祉」『世界の社会福祉第 5 巻 フランス・イタリア』

小島晴洋（1996）「イタリアの高齢者福祉」海外社会保障情報 No.114

参議院憲法調査会事務局（2001）「参憲資料第五号 イタリア共和国憲法概要」

高橋利安（2005）「イタリアにおける地方分権をめぐる動向―2001 年憲法的法律第 3 号の分析を中心に―」

2. 欧文文献

AA.VV. 1992, Nuove Regioni e riforma dello Stato, Fondazione Giovanni Agnelli.

Agenzia autonoma per la gestione dell'albo dei segretari comunali e provinciali Sezione Lombardia, 2005, Indagine sulla percezione e sulle prospettive del ruolo del segretario comunale: Indagine relative alla presenza della figura del direttore generale nei comuni della Lombardia, CORA.

Arachi, G. e Zanardi, A. 1998. "Federalismo e perequazione regionale: lavori in corso", in Bernardi, L.(a cura di) La finanza pubblica italiana, Rapporto 1998, il Mulino: 135-158.

Arachi, G. e Zanardi, A. 2000. "Il federalismo fiscale regionale: opportunità e limiti", in Bernardi, L.(a cura di) La finanza pubblica italiana, Rapporto 2000, il Mulino: 157-194.

Arachi, G. e Zanardi, A. 2001. "La devoluzione nel paese del dualismo" in Bernardi, L. e Zanardi, A.(a cura di) La finanza pubblica italiana, Rapporto 2001, il Mulino: 349-376.

Arsi, M. Coronas, M.G. e De Luca, P.(a cura di) 1998. L'Italia da semplificare:

Procedimenti amministrativi di interesse delle imprese, il Mulino.
Azzone, G. e Dente, B.(a cura di) 1999. Valutare per governare, ETAS.
Balasso, D. 2004, Dieci domande sul ruolo: Il segretario comunale, FrancoAngeli
Bernasconi, M. e Marenzi, A. 1998. "Il deficit pubblico al 3%. Linee interpretative del processo di risanamento", in Bernardi, L.(a cura di) 1998: 85-108.
Bertonazzi, L. 1998. "La riforma burocratica ed amministrativa", in Bernardi, L.(a cura di) 1998: 227-250.
Bianchi, C. 1996. "Tassi di interesse e costo del debito nella prospettiva dell'Unione monetaria europea", in Bernardi, L.(a cura di), 1996, La finanza pubblica italiana, Rapporto 1996, il Mulino: 57-79.
Bianchi, C. 1998. "Tassi di interesse, debito e politica monetaria verso l'Euro e oltre", in Bernardi, L.(a cura di) 1998: 59-84.
Bianchi, C. 1999. "Gli obiettivi della Bce, i tassi europei e i vincoli di bilancio", in Bernardi, L.(a cura di), 1999, La finanza pubblica italiana, Rapporto 1999, il Mulino: 67-95.
Bordignon, M. 1997. "L'Irap e la riforma delle finanze regionali", in Bernardi, L.(a cura di) La finanza pubblica italiana, Rapporto 1997, il Mulino: 137-160.
Brosio, G. Pola, G. e Bondonio, D. 1994. Una proposta di federalismo fiscale, Fondazione Giovanni Agnelli.
Brosio, G.(a cura di) 1995. Governo decentralizzato e federalismo - Problemi ed esperienze internazionali, il Mulino.
Cassese, S. e Franchini, C.(a cura di) 1994. L'amministrazione pubblica italiana, il Mulino.
Cassese, S. e Galli, G.(a cura di) 1998. L'Italia da semplificare, Le istituzioni, il Mulino.
de Caprariis, G. e Vesperini, G.(a cura di) 1998. L'Italia da semplificare. Le regole e le procedure, il Mulino.
Fausto, D. e Pica, F.(a cura di) 2000. Teoria e fatti del federalismo fiscale, il Mulino.
Fossati, A. e Levaggi, R.(a cura di) 2001. Dal decentramento alla devolution, FrancoAngeli.
Fraschini, A. 1998. "Finanza locale e decentramento amministrativo", in Bernardi, L.(a cura di) 1998: 343-363.
Fraschini, A. 1999. "Finanza locale: autonomia e vincoli", in Bernardi, L.(a cura di) 1999: 211-230.
Gambino, S. Guerino, D.I. e Moschella, G.(a cura di) 1998. Autonomie locali e riforme amministrative, Maggioli Editore.
Giannini, S. e Guerra, M.C. 1999. "Il sistema tributario verso un modello di

tassazione duale", in Bernardi, L.(a cura di) 1999: 231-254.
Giannini, S. e Guerra, M.C. 2000. "Dove eravamo e dove siamo: il sistema tributario dal 1990 al 2000", in Bernardi, L.(a cura di) 2000: 231-266.
Giarda, P. 1995. Regioni e federalismo fiscale, il Mulino.
Guerra, M.C. 1997, "La tassazione delle imprese e delle rendite finanziarie", in Bernardi, L.(a cura di) 1997, :161-190.
ISTAT, 2002, Annuario Statistico Italiano 2002, ISTAT.
Majocchi, A. 1997. "Il Patto di stabilità e i vincoli per la politica fiscale", in Bernardi, L.(a cura di) 1997: 39-60.
Majocchi, A. 1998. "La sostenibilità dell'Unione monetaria e il ruolo del bilancio comunitario", in Bernardi, L.(a cura di) 1998: 37-58.
Majocchi, A. 2000. "Le scelte di Maastricht e il futuro dell'Unione economica e monetaria", in Bernardi, L.(a cura di) 2000: 37-58.
Ministero del Lavoro e delle Politiche Sociali, 2005, Rapporto di monitoraggio sulle politiche sociali PARTE 2-Sezione 1.
Ministero delle Finanze, 1996. Commissione di studio per il decentramento fiscale 1996, Proposte per la realizzazione del Federalismo Fiscale, Relazione finale.
Ministero delle Finanze, Commissione di studio per il decentramento fiscale, 1996, Proposte per la realizzazione del Federalismo Fiscale, Allegati.
Ministero delle Finanze, 1998, DM 3 aprile 1998, Approvazione delle specifiche tecniche di stampa del modello sintetico 760PC e della relative busta, DM 9 aprile 1998, Approvazione, con le relative istruzioni, del Quadro IQ, del Mod.750/RQ, del 760/RQ del Mod.760-bis/RQ, da utilizzare per la determinazione dell'acconto dovuto per l'anno 1998 ai fini dell'imposta regionale sulle attività produttive(Gazzetta Ufficiale di 11 aprile 1998).
Ministero delle Finanze, 1998, Circolare 4 giugno 1998, n.141/E. Decreto legislativo 15 dicembre, 1997 n.446, recente 《Istituzione dell'imposta regionale sulle attività produttive, revisione degli scaglioni, delle aliquote e delle detrazioni dell'Irpef e istituzione di una addizionale regionale a tale imposta, nonché riordino della disciplina dei tribute locali》, come modificato dal decreto legislativo 10 aprile 1998, n.137. Imposta regionale sulle attività produttive (Gazzetta Ufficiale di 15 giugno 1998).
Ministero dell'Interno, Direzione Generale dell'Amministrazione Civile, Direzione Centrale per la Finanza Locale e per i Servizi Finanziari, 1996, Rapporto sulla finanza degli enti locali e sui trasferimenti 1994.
OECD, 2004, OECD Economic Outlook No.75, OECD.
Osculati, F. 1995. "Federalismo e finanza locale", in Bernardi, L.(a cura di), La finanza pubblica italiana, Rapporto 1995, il Mulino: 337-374.

Paparo, S.(a cura di) 2001. Semplifichiamo, Rubbettino.

Pascarella, Alesandra, 2005, "Il ruolo del segretario comunale e provinciale nell'attuale ordinamento delle autonomie locali. L'incarico di direttore generale, un'opportunità di carriera", in Funzione Pubblica, 2005, n.3, pp.104–107.

Pica, F. 1995, "Ancora sul federalismo fiscale", 151–167. in Il nuovo governo locale, 2.

Presidenza del Consiglio dei Ministri 2000. Guida alla sperimentazione dell'analisi di impatto della regolamentazione(AIR).

Presidenza del Consiglio dei Ministri, Dipartimento della Funzione Pubblica 2001. Cinque anni di riforma della Amministrazione Pubblica Italiana 1996–2001.

Presidenza del Consiglio dei Ministri, Dipartimento della Funzione Pubblica 2001. Programma dei Progetto Finalizzati 1999–2001.

Südtiroler Landtag, 2006, Pariser Vertrag Gruber-Degasperi, Accordo di Parigi Degasperi-Gruber, Südtiroler Landtag.

Tremonti, G. e Vitaletti, G. 1994. Il federalismo fiscale, Laterza.

Vandelli, L. e Gardini, G. 1999. La Semplificazione Amministrativa, Maggioli Editore.

Zanardi, A. 1999. "Il federalismo fiscale regionale", in Bernardi, L.(a cura di) 1999, 185–211.

3. 法令．統計資料等

Annuario Statistico Italiano 2003

Costituzione della Repubblica Italiana

Legge 8 giugno 1990, n.142, "Ordinamento delle autonomie locali", pubblicata nella Gazzetta Ufficiale, n.135 del 12 giugno, Supplemento Ordinario n.42

Legge 7 agosto 1990, n. 241, "Nuove norme in materia di procedimento amministrativo e di diritto di accesso ai documenti amministrativi", pubblicata nella Gazzetta Ufficiale, n. 192 del 18 agosto 1990

Legge 25 marzo 1993, n. 81, "Elezione diretta del sindaco, del presidente della provincia, del consiglio comunale e del consiglio provinciale", pubblicata nella Gazzetta Ufficiale, n.72 del 27 marzo 1993

Legge 23 febbraio 1995, n.43, "Nuove norme per la elezione dei consigli delle regioni a statuto ordinario", pubblicata nella Gazzetta Ufficiale, n.46 del 24 febbraio 1995

Legge15 marzo 1997, n.59, "Delega al governo per il conferimento di funzioni e compiti alle regioni ed enti locali, per la riforma della pubblica amministrazione e per la semplificazione amministrativa", pubblicata nella Gazzetta Ufficiale, del

17 marzo 1997

Legge 15 maggio 1997, n. 127, "Misure urgenti per lo snellimento dell'attività amministrativa e dei procedimenti di decisione e di controllo", pubblicata nella Gazzetta Ufficiale, n. 113 del 17 maggio 1997, Supplemento Ordinario

Legge 16 giugno 1998, n.191, "Modifiche ed integrazioni alle leggi 15 marzo 1997, n.59, 3 15 maggio 1997, n.127 nonché in materia di formazione del personale difendente e di lavoro a distanza nelle pubbliche amministrazioni disposizioni in materia di edilizia scolastica", pubblicata nella Gazzetta Ufficiale, n.142 del 20 giugno 1998

Legge 30 aprile 1999, n.120, "Disposizioni in materia di elezione degli organi degli enti locali, nonché disposizioni sugli adempimenti in materia elettorale", pubblicata nella Gazzetta Ufficiale, n.101 del 3 maggio 1999

Legge 03 agosto 1999, n.265, "Disposizioni in materia di autonomia e ordinamento degli enti locali, nonché modifiche alla legge 8 giugno 1990, n.142", pubblicata nella Gazzetta Ufficiale, n. 183 del 6 agosto 1999 - Supplemento Ordinario n. 149

D.LGS.(Decreto Legislativo) 15 dicembre, 1997 n.446, "Istituzione dell'imposta regionale sulle attività produttive, revisione degli scaglioni, delle aliquote e delle detrazioni dell'Irpef e istituzione di una addizionale regionale a tale imposta, nonché riordino della disciplina dei tributi locali", pubblicato nella Gazzetta Ufficiale, del 23 dicembre 1997

D.LGS.(Decreto Legislativo) 31 marzo 1998, n.112, "Conferimento di funzioni e compiti amministrativi dello stato alle regioni ed agli enti locali, in attuazione del capo I delle legge 15 marzo 1997, n.59", pubblicato nella Gazzetta Ufficiale, del 21 aprile 1998

D.LGS.(Decreto Legislativo) 18 agosto 2000, n. 267, "Testo unico delle leggi sull'ordinamento degli enti locali", pubblicato nella Gazzetta Ufficiale, n. 227 del 28 settembre 2000, Supplemento Ordinario n. 162

L.C.(Legge costituzionale) 22 novembre 1999, n.1, "Disposizioni concernenti l'elezione diretta del Presidente della Giunta regionale e l'autonomia statutaria delle Regioni", pubblicata nella Gazzetta Ufficiale, n.299 del 22 dicembre 1999

L.C.(Legge costituzionale) 18 ottobre 2001, n. 3, "Modifiche al titolo V della parte seconda della Costituzione", pubblicata nella Gazzetta Ufficiale, n. 248 del 24 ottobre 2001 ## あとがき ―ローカルガバナンスを求めて―

　大震災が起こった平成23年の8月初旬に訪れた岩手県陸前高田市を約1年後の7月末に再訪した．冷たいオホーツク海から吹いてくる北東風やませが，沿岸や海に面した平野に濃霧を発生させていた．このやませが長く吹くと冷害の原因となる．中心市街地は波にさらわれ，瓦礫と鉄筋の廃屋のほかは跡形もない．1年前との違いは，草一本もない荒野が草莽の地に変わってしまったくらいで，相変わらず瓦礫の撤去作業も続いている．

　国の復興計画の基本的立場は，「地域のことは地域で」という確かに高邁な哲学に支えられていたと評価することもできる．しかし，国直轄の社会インフラの整備がハイスピードで進んでいることに比べて，土地利用計画を中心に「復興まちづくり計画」など地域で決定を期待されている事項が遅々として進んでいない．地元のことは地元でという理想論は，現実の前に脆くも崩れつつある．理由は簡単．自分たちで決定することが期待されても，将来に対する確固たるイメージも描けない上に住民が置かれている現実も千差万別だからだ．だからまちづくりに一番必要な合意は，私的権利を背景にした「総論賛成各論反対」の渦巻きに吸い込まれてしまう．

　社会経済的状況に合わせて「長期的視点からまちづくり」を徐々に進めた方が良い場合もある．しかし，いたずらに時間を引き延ばすことに何のメリットがあるのか．ただでさえ「人は将来を求めて速やかに移動する」傾向がある．仕事や生きがいを喪失した中高年の被災者には精神的肉体的疾患の兆候が現れている．無為無策の状況下で，被災地を中心に東北は人口減少と高齢化が加速的に進んでゆく．

　人口減少が進んでいるのは震災で痛めつけられた東北だけではない．じつは国全体の人口減少は人口集中する一部大都市と人口減少が加速化する大半の地域に，それと並行するように比較的若者層が多い地域と高齢化が加速化

する地域に「二分化」しつつある．この傾向は平成10年頃から本格化したといえる．

バブル崩壊は日本経済全体の活力をそぎ，産業転換の遅れた地域から衰退が本格化していった．地域経済の立て直しを公共事業でという右肩上がりの経済成果配分方式がもはや持続できない状況が作り出され，大半の地域で仕事不足，資金不足が慢性化したからだ．そのため，「平成の大合併」という上からの市町村合併が全国で推進され，これを統括した総務省の統計によれば平成11年に3232あった市町村は平成22年には1730に半減した．日本の総面積が一定だとすれば，一つの自治体の面積は平均で二倍になったと見てよい．その分，公共サービスに対するアクセス距離は伸びるが，生活圏や経済圏の後追いの意味も合併にはあったので，地域の経済的合理性がある程度確保されたとみてよい．この面での合併の効果はもっと評価されてもよい．理由は経済的自立の初期条件は揃ったと考えてよいからだ．

ところで第Ⅰ部でもふれたが全国規模で見ると，それぞれ域内の大都市への人口集中は平成10年頃から着実に進んでいる．人は現在と将来のチャンスを求めて移動する．地域としての魅力も大都市に集中することになる．しかし，地域間格差がそれだけ拡大していることを暗示するので，何らかの対策が必要だ．東日本大震災が発生する前から東北は人口減少が継続的に進んでいた．そして未曽有の震災でこの傾向は加速化したのだから，地域としての魅力づくりは喫緊の課題だ．とくに域内の幾つかの大都市の勢いが低下し，東京圏の人口集中を加速化する要因にもなっている．将来を求める若者を中心にその地域の大都市に限定せず「受け皿」を求めて東京圏へ移動したためだ．

圏域経済全体のポテンシャルが低下傾向にあると，それが高失業率として現れる．しかし，情報通信網と道路網の発展と整備は，昔から地方の宿命といわれた「時間と空間の制約」を緩和してくれる．これにもっと注目すべきだろう．都会から遠く離れた田舎や過疎地は自立できないという甘えがもはや通用しないことは，高知県馬路村の頑張りなどをホームページなどで見れ

ば一目瞭然だ．むしろ，一部大都市への人口集中が進む地域こそ，大都市を中心に地域振興の旗振り役を進んで引き受け，その近隣地域に成長の果実を配分し，自立し相互連携できるだけの実力を蓄える中小都市の誕生を手助けすべきなのだ．域内での一極集中をいつまでも続けることの愚を悟るべきだ．自立自助のできない地域は中央（東京）に面倒見てもらえの態度も改める必要がある．

しかし自立自助とは，常に選択し，決定し，それに責任を取ることの繰り返しを意味する．知力体力の必要な苦しい作業を伴う選択はできれば避けて通りたい，誰かに委任したいと思う場合も多い．選択は取捨を伴い，後悔も伴う．「選択する行動こそ，学習を伴う創造的活動であり，だからこそ自らを進化させその存在を主張する最良の手段でもある」とベストセラー『選択の科学』（文藝春秋社刊）でシーナ・アイエンガーは述べる．しかし自立の意識がそれほど尊ばれない日本の風土で，彼女の期待する「強い意志」は，たとえ必要だとしても一向に育まれて来なかった．真剣に議論しあう土壌を用意することを公共の場で培って来なかったからだ．

一例は，被災地の復興計画が一向に進まないところに見られる．高台移転や土地利用計画の選択から決定に向けて住民間で合意が容易に得られない．地元住民の被害の状況，年代・家族状況，職業，業種間の公的補助の格差，土地の権利状況などの違いが複雑に絡み合い，その状況を知悉している地元行政ほど合意から決定への道筋を明確に示すためのリーダーシップを取ろうとしない．行政は住民にそれを期待するが，いくつかの被災地の「復興会議」を傍聴する限りでは，住民たちも当事者としての要求は繰り返すが，大所高所からの選択を含めてリーダーシップを発揮しようとは思わない．あいも変わらず他人依存で「決めてもらう」ことを願い，「決めること」に躊躇する．

最も権利調整が困難な問題の解決を，住民や基礎自治体に委任することくらい無責任なことはない．「決めること」は国や県に期待し，基礎自治体や住民は「決めてもらう」立場を選択する．「先が見えない」状況の中での選

択の重み，そして時間の経過がもたらす負担の累積から，住民たちも基礎自治体も「自己決定」抜きの早期解決を求める．この文脈と国が求める「地域による選択と決定」という原理原則の乖離が，国に対する期待をしぼませる．

「地域のことは地域で」は地方分権の要諦である．政策現場に最も近い基礎自治体にできるだけ権限を集約する（近接性の原理），基礎自治体のできない広域行政を都道府県に補完させる（補完性の原理）に基づいて，国，都道府県，市区町村の役割分担を再整理すべきだ．とくに「決め方」に関して国⇒都道府県⇒市区町村の「順序」ではなく，国⇒市区町村⇒都道府県の「順序」に改変し，その上で必要ならば都道府県を「再編成」するような新たなスキームと新たな広域行政をどう整合化させるかが問われている．

トップダウン型ガバナンスの機能疾患が取り沙汰されて長い．そのため中央集権から地方分権へのガバナンスの一大転換が叫ばれ続けているが一向にその兆しが見えない．むしろ，地方側から地方分権は願い下げの空気も出てきている．シーナ・アイエンガーの期待する「強い意志」にはそれだけの覚悟が地方に要求される．彼女の言うベストな選択には，他の可能性を捨てることや犠牲を伴うことが多いからだ．経済的観点からすれば，平成の大合併はその強い意志を持つべき土壌を作り出したと考えてよい．言い換えれば，ローカルガバナンスの確立に一歩接近したと言ってよい．だから残された選択権は地方にある．どのような強い意志でベストな選択を行うか．日本の将来を左右する大きな選択でもある．

以上の問題意識を本書に込めることができたか否かの評価は，本書の読者に決定権がある．

2012 年の長い夏の終わりを告げる頃

細　野　助　博

索　引

事項索引

あ行

Iターン	54
アメニティ	33
一店逸品運動	61
委任立法	183
イルピニア地震	182
入れ子構造	31, 34, 35, 42
ヴァーノン仮説	38
——の仮説	64, 80
ウオークマン	82
失われた10年	31
——20余年	19, 22
宇宙船地球号	4
裏切り戦略	15
エッジシティ	63
NGO	53
NPO	53
オープンシステム	60

か行

C.A.S.E. プロジェクト	175
回復力	139
外部性の内部化	96
ガッロ委員会	170
カフェ文化	67
官庁セクショナリズム	89
官僚制の逆機能	22
官僚優位	16
機会費用	41
技術的イノベーション	53
期待収益	41
機能転換	141
規模の均整化	96
——経済性	96
行政改革会議	16
行政によるガバナンス	154
協力戦略	15
均衡ある国土の発展	7, 27, 31, 50, 52
空間の原理	67
グローバル競争	76
経済財政諮問会議	24
ケインズの闘い	25
権威主義	29
県議会	165
——首長	165
——知事	165
——評議会	165
郊外化	71
厚生経済学	90
構造改革	23-24
——構造改革特区	24
顧客・代理人	19
国鉄民営化	27
コミュニティビジネス	49, 80
コムーネ議会	166
——共同体	169
——事業・工芸・専門職税	171
——首長	166
コンパクトシティ	61, 62-63, 64
——の黄金律	65

さ行

財政連邦主義	169
サッチャー・レーガン時代	45
サテライトキャンパス	66
サロップモデル	32
三位一体改革	24
山岳部共同体	168
産学連携	43

産業クラスター	51	——ビジネス	49, 80
暫定措置令	183	族議員	11
Jターン	54		

た 行

時間の原理	67	対数正規分布	69
市場化テスト	19	大都市	167
市評議会	166	縦割りの弊害	20, 23
シビル・プロテクション	157	団塊世代	77
市不動産税	171	小さな政府	45
ジブラ法則	68, 69-70	地方自治統一法典	165
社会インフラ	90	チャンピ法	170
社会的イノベーション	53, 54, 80	中央省庁等改革基本法	16
州議会	164	中心地理論	34, 35
——首長	164	朝三暮四	51
——生産活動税	170	DID 人口	71, 73
——評議会	164	定住圏構想	49
集積の経済	60, 74	撤退戦略	24
縮減の時代	20, 24	鉄の三角形	10-11, 14, 15, 19, 26, 29
——政策	14, 17, 18, 21	東京スカイツリー	43
首都圏一極集中	42, 61	特別州	161
順位規模法則	7, 35	取引費用	11, 41
省庁再編	16-18		
情報回路	18		
シリコンバレー	43		

な 行

人口のブラックホール	49	ナショナルミニマム	51
新地方自治法（1990年法律第142号）	161	日本型コンパクトシティ	59, 62, 65
		——論	68
スケールメリット	27	日本工業規格（JIS）	70
スマートフォン（スマホ）	82	ニュータウン	67, 159
スモールワールド・ネットワーク	27		

は 行

生活大国	12	パーキンソンの法則	26
政権交代	11, 15, 90	ハーシュマン＝ハーフィンダール指数	37, 38
政策イノベーション	23-24	白紙委任状の原理	90, 91
政治的レント	11	バッサニーニ法	163
政府の三層構造	22	発展型中央集権モデル	52
セットバック	66	パレート係数	35, 37
前例踏襲の原理原則	91	非協力ゲーム	25, 29
総合調整	18		
ソーシャル・キャピタル	28, 68		

評議員	166
比例効果の法則	40, 68, 69
普通州	164
負の部外性	41
不平等の再生産	51
フラクタルパターン	40
プラザ合意	12
ブラジルの目覚め	5
フラット化した世界	5, 43, 45
分業	34
分業の制度化	34
平成の大合併	36, 91
べき乗法則	35
ホールドアップ問題	45, 47
ボトムアップ型政策形成	iii, 26, 30
骨太の方針	24
ポピュリズム	25

ま 行

M.A.P. プロジェクト	176
ミッシングリンク	60, 78, 80
無縁社会	18, 26
メイド・イン・アメリカ	81
――・ジャパン	82
メッシーナ地震	182
モータリゼーション	66

や 行

郵政民営化	14

ら 行

ラクゥイラ地震	91, 157
リーマンショック	45
利用者によるガバナンス	154
ルート 128	43
歴史的中心街	157
劣等財	51
ローカルガバナンス	ii, iii, 7, 39, 139
――ナレッジ	ii, iii
六本木ヒルズ	72

人名索引

あ 行

足立幸男　　　　　　　　　　　i
ウイリアムソン，オリバー　89, 90

か 行

カラブレジ，G.　　　　　　　63
ギアーツ，クリフォード　　　ii
グレーザー，エドワード　65, 68, 80
コルビジェ，ル　　　　　　　62

さ 行

サーティ，T.　　　　　　62, 64, 67
サイモン，ハーバート　　　　89
サクセニアン　　　　　　　　43
佐野亘　　　　　　　　　　　i
サン＝シモン　　　　　　　　89
ジェイコブズ，ジェーン　62, 65, 67
シュンペーター，J.　　　　　24
ジョブズ，スティーブ　　　82, 84
スミス，アダム　　　　　　　46

た 行

ダンツィヒ，J.　　　　　62, 64, 67
チューネン，フォン　　　　　59
チュルゴー　　　　　　　　　46
ティボー　　　　　　　　　　50
ドロア　　　　　　　　　　　i

は 行

ハーシュマン，アルバート　　44
ハイエク　　　　　　　　　　54
パレート　　　　　　　　　　35
ハワード　　　　　　　　　　62
フォール，エドガール　　　　3
ブルデュー　　　　　　　　　51
フロリダ，リチャード　　　　43

ら 行

ラプラス　　　　　　　　　　28

執筆者一覧

細野　助博（ほそ の すけ ひろ）
研究員．中央大学総合政策学部教授．中央大学大学院公共政策研究科教授．昭和 56 年筑波大学大学院社会工学研究科博士課程修了．財務省財政制度審議会たばこ等事業分科会長代理，（財）流通システム開発センター理事，（公社）学術・文化・産業ネットワーク多摩専務理事などを歴任．日本公共政策学会元会長，日本計画行政学会専務理事．平成 14 年度日本計画行政学会学術賞論説賞を受賞．『コミュニティの政策デザイン』（中央大学出版部 2010 年），『中心市街地の成功方程式』（時事通信社 2007 年），日本経済新聞朝刊連載コラム『経済教室』寄稿など著書多数．

西川　雅史（にし かわ まさ し）
青山学院大学経済学部教授．1999 年法政大学大学院卒業．総務省地方分権基本問題研究会委員，東京都税制調査会委員，埼玉県開発審査会委員，相模原市経営評価委員会委員長，その他，中小企業診断士試験委員，日本経済団体連合会道州制検討委員会タスクフォースメンバー，政策投資銀行地域活性化研究会委員などを歴任．2000 年日本計画行政学会奨励賞，2006 年日本計画行政学会論文賞，2006 年納税協会連合会「税に関する論文」優秀賞，日本地方財政学会佐藤賞を受賞．著書として『財政調整制度下の地方財政』（勁草書房　2011 年）．

増田　俊一（ます だ とし かず）
中央大学政策文化総合研究所客員研究員（平成 22.4 〜 24.3）．1945 年 9 月生まれ．芝浦工業大学卒（昭和 44.3）．衆議院議員河野芳満秘書（昭和 44.4 〜 45.3）．都議会議員田村市郎秘書（昭和 62.4 〜 平成 14.7）．福生市議会議員 2 期（平成 15.4 〜 22.4）．社会福祉法人不動福祉会理事（平成 20.1 〜 23.5）．中央大学大学院公共政策学修士取得（平成 21.4 〜 23.3）．中央大学経済研究所客員研究員（平成 24.4 〜 現在に至る）．

中庭　光彦（なか にわ みつ ひこ）
客員研究員．多摩大学経営情報学部准教授．多摩大学総合研究所副所長．2003 年中央大学大学院総合政策研究科博士課程退学．日本計画行政学会常任幹事．『オーラルヒストリー・多摩ニュータウン』（中央大学出版部 2010 年，共著），『市民ベンチャー NPO の底力』（水曜社 2004 年，共著）他．

工藤　裕子（く どう ひろ こ）
研究員．中央大学法学部教授．同大学大学院公共政策研究科教授．公共政策学博士（1998 年，ヴェネツィア大学）．1992 年早稲田大学大学院政治学研究科博士前期課程修了．1992-1993 年イタリア政府給費奨学生としてミラノ工科大学地域学科に留学．愛知淑徳大学現代社会学部専任講師，早稲田大学教育学部専任講師，同助教授を経て，2005 年より現職．内閣府経済社会総合研究所客員研究員，また，ローマ大学，ボッコーニ商科大学，カリアリ大学，リュブリャナ大学などで客員教授を歴任．国際 CIO 学会常任理事．公共経営改革，地方自治体の行財政，e ガバメント，スポーツ・文化行政などを研究．"Value and Virtue in Public Administration: A Comparative Perspective"（Michiel S. de Vries and Pan Suk Kim, eds., Palgrave Macmillan, 2011）などに執筆．

新たなローカルガバナンスを求めて
　―多角的アプローチからの試み―
中央大学政策文化総合研究所研究叢書 15

2013 年 3 月 21 日　初版第 1 刷発行

編著者　細野助博
発行者　中央大学出版部
　　　　代表者　遠山　曉

〒192-0393　東京都八王子市東中野 742-1
発行所　中央大学出版部
http://www2.chuo-u.ac.jp/up/
電話 042(674)2351　ＦＡＸ 042(674)2354

© 2013　　　　　　　　　　　　ニシキ印刷／三栄社
ISBN978-4-8057-1414-0